汽车维修基本技能
一体化教材

◎主　编　黄文光　刘　健　陆明伟

◎副主编　梁　坤　陆原天　黄淑玲

◎参　编　黄影航　周　宁　郑月华　黄爱培
　　　　　李聆娜　黄　雁　蒙利武　洪基龙
　　　　　李　联　黄坤忠　李素强

电子工业出版社

Publishing House of Electronics Industry

北京 · BEIJING

内 容 简 介

本书以培养学生从事汽车维修的基本技能为核心，以工作过程为导向，以工具和量具为主，钳工为辅，详细介绍了汽车维修过程中常见的普通工具、机动扳手、手钳与螺钉旋具（起子）、拉拔器与举升工具、活塞环与气门的拆装工具、汽车电气检测仪表工具等工具的操作方法、应用位置、工作原理等内容；钢直尺、卡钳、塞尺、刀口尺、游标卡尺、千分尺、百分表、量缸表、气压表等量具的工作原理、使用方法及保养等知识；钳工基础、锯削、锉削及螺纹加工等基础钳工工具的使用方法及保养等知识。

本书可作为职业学校汽车类、机械类专业的教学用书，也可供有关技术人员参考、学习和培训之用。

图书在版编目（CIP）数据

汽车维修基本技能一体化教材 / 黄文光，刘健，陆明伟主编. —北京：电子工业出版社，2023.3

ISBN 978-7-121-45201-7

Ⅰ. ①汽… Ⅱ. ①黄… ②刘… ③陆… Ⅲ. ①汽车—车辆修理—职业教育—教材 Ⅳ. ①U472.4

中国国家版本馆 CIP 数据核字（2023）第 043854 号

责任编辑：张镨丹　　特约编辑：徐　震
印　　刷：涿州市京南印刷厂
装　　订：涿州市京南印刷厂
出版发行：电子工业出版社
　　　　　北京市海淀区万寿路 173 信箱　邮编　100036
开　　本：880×1 230　1/16　印张：9.75　字数：234 千字
版　　次：2023 年 3 月第 1 版
印　　次：2024 年 6 月第 4 次印刷
定　　价：29.50 元

凡所购买电子工业出版社图书有缺损问题，请向购买书店调换。若书店售缺，请与本社发行部联系，联系及邮购电话：（010）88254888，88258888。

质量投诉请发邮件至zlts@phei.com.cn，盗版侵权举报请发邮件至dbqq@phei.com.cn。

本书咨询联系方式：（010）88254549，zhangpd@phei.com.cn。

PREFACE

前言

    汽车维修基本技能是汽车维修技师、汽车维修质量检验员等汽车维修人员的入门技能，是汽车维修高技能人才必须掌握的技能，也是职业学校汽车和机械类专业最基础的一门课程。

    本书以工作过程为导向，以典型工作任务为载体，以训练学生的操作技能为目标，采用项目教学的方式组织内容。本书主要内容包括工具、量具和钳工三个项目，每个项目中包含不同任务，每个任务由任务引入、相关知识、任务实施、技能训练等内容组成。同时在相关知识和任务实施两个部分增加了一些小栏目，如"提示""注意"等。在任务引入部分，通过工作任务引出完成此任务所需要的理论知识和技能；在相关知识部分详细介绍完成该任务所必需的知识与技能；在任务实施部分，介绍了各工具、量具及钳工的一些基本操作要领及方法。另外，本书配有与之相对应的工作页，学生在完成专业技能操作后，可以巩固相应的理论知识。工作页中引入了专业技能及课程考核方案，专业技能通过随堂考核的方式，将"教""学""做""考"巧妙地融为一体，既检验了学生掌握专业技能的水平，又体现了教师的教学水平。

    本书课程教学目标中增加了思政目标，教师可在课前或专业技能实训时组织学生观看"大国重器""大国工匠"等视频，培养学生对专业技能精益求精的工匠精神，培养良好的社会主义核心价值观及遵纪守法的优良品德，从而实现专业课与思政课的同向同行。

    本教材由广西物资学校牵头，联合区内二十几所职业院校，依托汽车运用与维修专业实训室建设项目（项目编号：GXZC2021-J1-000913-GXZL），在汽车专业理实一体化教学改革成果（国家教学成奖二等奖）的基础修编而成。

    由于编者能力和水平有限，加之时间仓促，因此书中难免存在不足之处，敬请广大读者提出宝贵意见，在此深表感谢。

编　者

CONTENTS

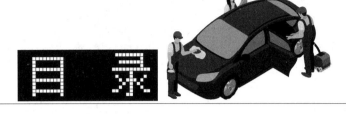

工　具

📖 **项目描述**

　　工具是人们生产与生活最基础的器具，各行各业都有自己的专用工具，汽车维修行业的工具相对较多，主要分为通用工具、专用工具及测量工具等。本项目主要介绍汽车维修的常用工具的功用和使用方法等。

 任务 1 普通工具

知识目标

1. 了解普通扳手的类型。
2. 了解普通扳手的功用。

能力目标

1. 能正确使用开口、套筒等通用扳手。
2. 能正确使用扭力扳手。

思政目标

1. 通过扭力扳手规范的操作流程，培养学生精益求精的工匠精神。
2. 通过学生小组合作学习，培养学生爱岗敬业、团结互助的价值观。

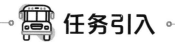 **任务引入**

刘先生开车带着家人和朋友去海边游玩，在回家的途中，汽车后轮不幸被路边的铁钉扎中，轮胎漏气，需要更换。刘先生的孩子自告奋勇去更换，然而当打开随车所带的工具箱后，不知道用哪些工具来拆卸，最后还是刘先生完成了轮胎的更换工作。

本任务主要针对初学者讲解在汽车维修中常用工具的种类和各种工具的正确使用方法，使初学者尽快掌握汽车维修的基本知识及技能。

 **相关知识**

扳手可以用来拆装螺栓或螺母，汽车维修作业中常用的普通扳手很多，如开口扳手、梅花扳手、套筒扳手、活动扳手、扭力扳手、内六角扳手、锁紧扳手、螺柱扳手、管子扳手等。

一、开口扳手

开口扳手（如图 1-1 所示）又称呆扳手，是普通扳手中最常见的一种，其开口的中心平面和本体中心平面成15°角，这样既能适应人手的操作方向，又能降低对工作空间的要求。为了特殊需要，开口和本体也可成45°或90°角（如图1-2所示）。

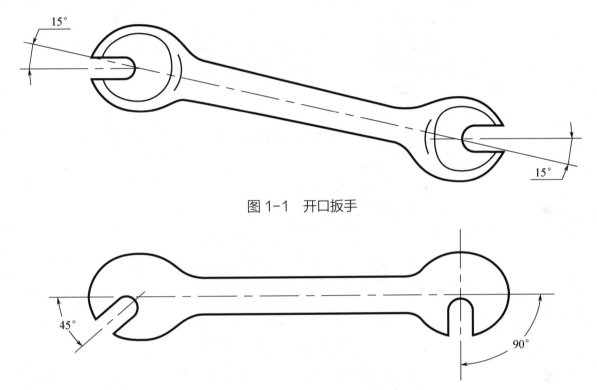

图 1-1　开口扳手

图 1-2　45°和90°扳手

开口扳手的使用方法如图 1-3 所示，操作时的注意事项有以下几点。

（1）扳手钳口以一定角度与手柄相连。这意味着通过转动开口扳手，可在有限空间内进一步旋转，如图 1-3（a）所示。

（2）防止相对的零件同时转动。例如在拧松一根燃油管时，要用两个开口扳手去拧松一个螺母，如图 1-3（b）所示。

（3）开口扳手不能提供较大扭矩，因此不能用于最终拧紧。

（4）不能在开口扳手手柄上接套管，如图 1-3（c）所示，这会造成扭矩过大，损坏螺栓或开口扳手。

（5）确保开口扳手的直径符合螺栓、螺母的头部大小，使开口扳手与螺栓、螺母完全匹配，如图 1-4 所示。

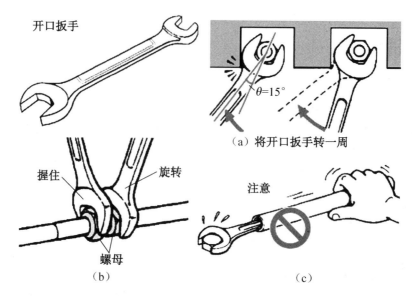

开口扳手

握住　旋转

螺母

（b）

θ=15°

（a）将开口扳手转一周

注意

（c）

图 1-3　开口扳手的使用方法

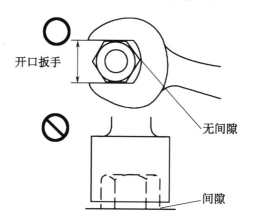

开口扳手

无间隙

间隙

图 1-4　开口扳手与螺栓、螺母完全匹配

（6）不能将开口扳手当作撬棒使用。

（7）禁止用水或酸、碱液清洗开口扳手，应使用煤油或柴油清洗。

（8）为了防止扳手损坏和滑脱，应使拉力作用在扳口较厚的一边。此外，对受力较大的活动扳手（活动扳手是特殊的开口扳手）需特别注意，以防扳口出现"八"字形，损坏螺母和扳手。

（9）拉力方向与开口扳手成直角时，扳手的扭力最大。操作时大拇指抵住扳手，另四指握紧扳手柄部，向靠近自己的方向拉动扳手，切不可向外推扳手，不得已时方可用手掌推动。扳手的运用如图 1-5 所示。

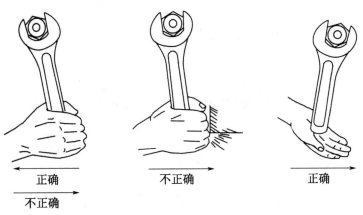

图 1-5　扳手的运用

二、梅花扳手

梅花扳手两端是环状的，环的内孔由两个正六边形同心错转 30° 而成，梅花扳手如图 1-6 所示。使用时扳动一定的角度后，扳手即可换位再套，因而适用于狭窄场合的操作。与开口扳手相比，梅花扳手强度较高，使用时不易滑脱，但拆卸时不如开口扳手方便。

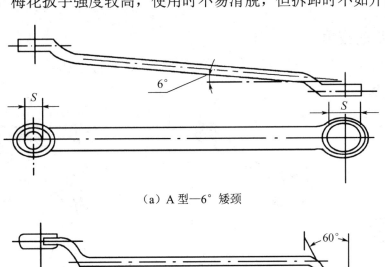

（a）A 型—6° 矮颈

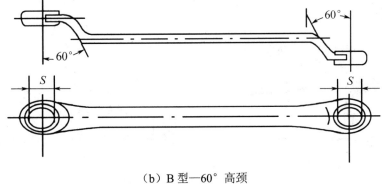

（b）B 型—60° 高颈

图 1-6　梅花扳手

（c）梅花扳手外形图

图 1-6　梅花扳手（续）

两用扳手的特点是一端制成开口，另一端制成梅花，两端规格相同，如图 1-7 所示。两用扳手兼有两种扳手的优点，使用时很方便。环孔制成四角、六角或八角的梅花扳手，通常在汽车维修保养中有专门用途。四角或八角的适用于拆四角螺母，八角的还可拆八角螺母，六角的用于拆六角螺母，它与普通十二角的相比，不易变圆打滑。

图 1-7　两用扳手

1．梅花扳手的应用

因其可以对螺栓、螺母施加大扭矩，所以可用在补充拧紧和类似操作中。梅花扳手的应用如图 1-8 所示。

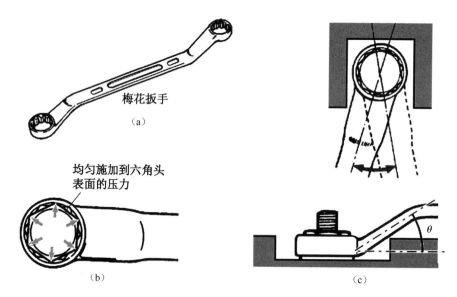

梅花扳手

（a）

均匀施加到六角头表面的压力

（b）

θ

（c）

图 1-8　梅花扳手的应用

（1）梅花扳手钳口是双六角形的，可以轻松地装配螺栓、螺母，且能够在有限空间内重新安装，如图 1-8（a）所示。

（2）由于螺栓、螺母的六角形表面被包住，如图 1-8（b）所示，因此螺栓角没有损坏的风险，可施加大扭矩。

（3）由于轴是有角度的，因此可用于在凹进空间里或平面上旋转螺栓、螺母，如图 1-8（c）所示。

2. 梅花扳手的使用要求

梅花扳手的使用方法如图 1-9 所示。

（1）使用时，应选用合适的梅花扳手。轻力扳转时，手势与开口扳手相同；重力扳转时，四指与拇指应上下握紧扳手手柄，向靠近身体的方向扳转，如图 1-9（a）所示。

（2）扳转时，不准在梅花扳手上加套管或锤击扳手。

（3）禁止使用内孔磨损过大的梅花扳手。

（4）不能将梅花扳手当撬棒使用。

（5）如果受到空间限制无法拉动，可用手掌推动扳手，如图 1-9（b）所示。

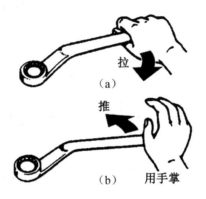

图 1-9　梅花扳手的使用方法

三、套筒扳手

套筒扳手的环孔形状与梅花扳手相同，适用于拆装位置狭窄或需要一定扭矩的螺栓或螺母。套筒扳手主要由套筒头、手柄、接杆和接头等组成，如图 1-10 所示，弯头手柄和活络头手柄如图 1-11 所示。滑头手柄的手柄头可沿扳杆滑动，力臂可以变化。棘轮手柄内有棘轮机构，适用于小转角场合。

常用套筒扳手的规格是 10～32 mm。套筒头的方孔和手柄方孔的规格分别是 13 mm 和 12.5 mm。小型套筒扳手的规格是 4～12 mm，方孔为 7 mm。大型套筒扳手的规格是 22～75 mm，方孔为 20 mm 和 22 mm。除上述方孔的十二角套筒头外，还有四角、六角、八角套筒头。四角和八角的用来拆装四角或八角的螺栓、螺母。六角套筒头适用于拆卸锈蚀的小规格螺栓、螺母。自制六角套筒头可使用旧活塞销锻制。

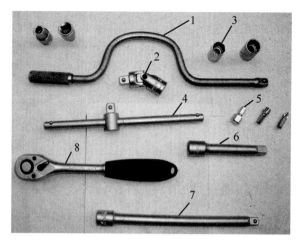

1—快速摇柄；2—万能接头；3—套筒头；4—滑头手柄；
5—旋具接头；6—短接杆；7—长接杆；8—棘轮手柄

图 1-10　套筒扳手

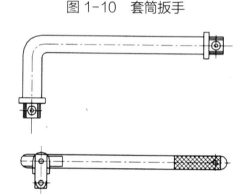

图 1-11　弯头手柄和活络头手柄

1. 套筒

套筒无法单独拆卸螺栓，只有和其他工具配合起来才能使用，这种工具根据工作状态装上不同手柄和套筒后可以很轻松地拆下并更换螺栓、螺母。套筒规格如图 1-12 所示。

（1）套筒尺寸。套筒有大和小两种尺寸，如图 1-12（a）所示。大尺寸套筒可以获得比小尺寸套筒更大的扭矩。

（2）套筒深度。套筒深度有两种类型，即标准深度和较深深度，后者比标准深度深 2～3 倍，如图 1-12（b）所示。较深的套筒可用于螺栓突出的螺帽安装和拆卸。

（3）钳口类型。分为双六角形和六角形，如图 1-12（c）所示。六角部分与螺栓、螺母的表面有很大的接触面，这样就不容易损坏螺栓、螺母的表面。

2. 套筒接合器

套筒接合器可以作为一个改变套筒方形套头尺寸的连接器。常用的套筒接合器有万向接头套筒头、滑动手柄、旋转手柄、短接杆、长接杆、棘轮手柄、直接杆等，如图 1-13 所示。

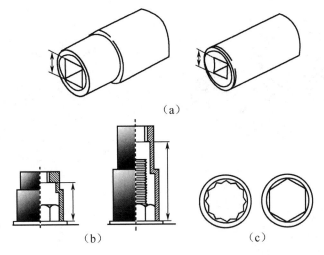

图 1-12　套筒规格

图 1-13　套筒接合器

💡 **注意**

超大力矩会将负载施加在套筒本身或小螺栓上，因此力矩要根据规定的拧紧极限施加。

3．套筒扳手的组合

根据需要，选择相应的工具组合起来会更有利于工作，从而提高工作效率。套筒接合器的随机组合如图 1-14 所示。套筒接合器有大小之分，这样在连接套筒时可以随机组合，套筒接合器如图 1-15 所示。

从工作进行速度选择工具的角度考虑，套筒扳手的优点在于旋转螺栓、螺母后不需要重新调整，可以实现迅速转动螺栓、螺母。套筒扳手可以根据所装手柄以各种方式工作。

（1）棘轮手柄。棘轮手柄适合在狭窄空间中使用。然而，由于棘轮的结构，它不能获得很高的扭矩。棘轮手柄在快速旋转时，角度一般不超过 90°，如图 1-15（a）所示。

（2）滑动手柄。滑动手柄要求极大的工作空间，可提供较快的工作速度，如图 1-15（b）所示。

（3）旋转手柄。旋转手柄在调整完毕后可以迅速工作。此手柄很长，很难在狭窄空间中使用，如图 1-15（c）所示。

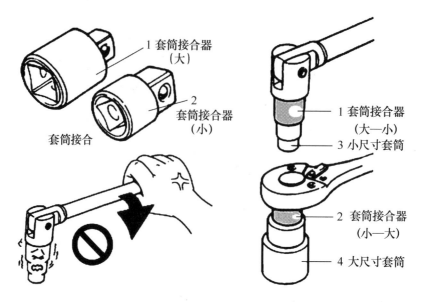

图 1-14 套筒接合器的随机组合

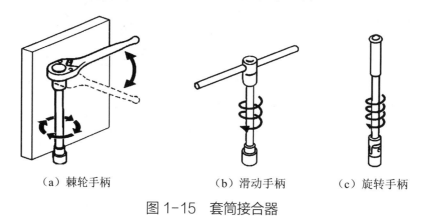

（a）棘轮手柄　　　　（b）滑动手柄　　　　（c）旋转手柄

图 1-15 套筒接合器

（4）万向接头。套筒的方形套头部分可以前后或左右移动，手柄和套筒扳手之间的角度可以自由变化，使其可在有限空间内工作。万向接头的使用方法如图 1-16 所示。

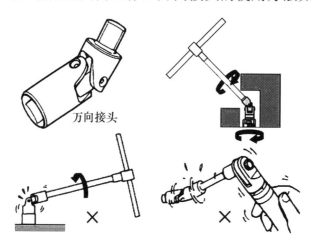

图 1-16 万向接头的使用方法

（5）加长杆。

加长杆的应用如图 1-17 所示。

① 可拆下和更换所处位置太深、不易接触的螺栓和螺母。

② 可用于将工具抬离平面一定高度的情况。

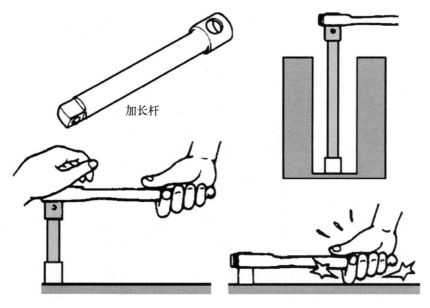

图 1-17   加长杆的应用

（6）旋转手柄用于需要较大力矩拆下和更换的螺栓、螺母，旋转手柄的应用如图 1-18 所示。

① 套筒扳手头部可做铰式移动，通过调整手柄的角度可使其与套筒扳手相配合。

② 手柄滑动，允许改变手柄长度。

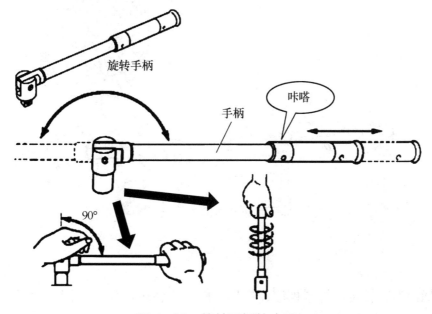

图 1-18   旋转手柄的应用

💡 **注意**

使用前要滑动手柄直到手柄碰到锁紧位置。否则手柄在工作时滑进滑出，会改变技术员的工作姿势从而造成人身伤害。

（7）滑动手柄。

通过滑动套筒的套头部分，手柄可以有两种使用方法，滑动手柄的应用如图1-19所示。

① L-形：改进扭矩。

② T-形：增加速度。

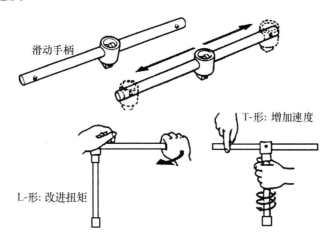

图 1-19　滑动手柄的应用

（8）棘轮手柄。

棘轮手柄如图1-20所示。

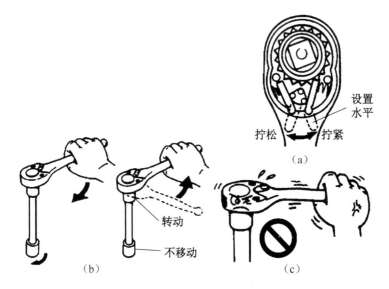

图 1-20　棘轮手柄

① 将手柄向右旋转可以拧紧螺栓、螺母，向左旋转可以松开它们，如图1-20（a）所示。

② 螺栓、螺母可以不使用套筒扳手而单方向转动。

③ 棘轮手柄可以以小回转角锁住，可以在有限的空间中工作。

💡 **注意** ——————————————————————————————

不要施加过大扭矩，以免损坏棘爪的结构，如图 1-20（b）所示。

已经拧得很紧的螺栓、螺母可以通过施加冲击力轻松松开，但是不能使用锤子和套管（用来加长轴）来增加扭矩，套筒扳手的错误用法如图 1-21 所示。

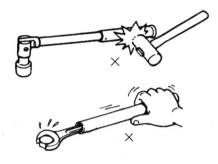

图 1-21　套筒扳手的错误用法

4．套筒扳手的使用要求

（1）使用时根据螺栓、螺母的尺寸选好套筒，套在快速摇柄的方形端头上（视需要与长接杆或短接杆配合使用），再将套筒套住螺栓、螺母，转动快速摇柄进行拆装。

（2）使用棘轮手柄时，不准拆装过紧的螺栓、螺母，以免损坏棘轮手柄。

（3）拆装时握住快速摇柄的手切勿摇晃，以免套筒滑出或损坏螺栓、螺母的六角。

（4）禁止用锤子将套筒击入已变形的螺栓、螺母中，以免损坏套筒。

（5）禁止使用内孔磨损过大的套筒。

（6）工具用毕，应清洗油污，妥善放置。

5．火花塞套筒

此工具专门用于更换火花塞，有大小两种尺寸，需要配合火花塞的尺寸使用。套筒内装有一块磁铁，用于保持火花塞不易坠落。火花塞套筒的使用如图 1-22 所示。

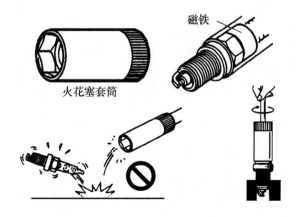

图 1-22　火花塞套筒的使用

💡 **注意**

① 套筒内的磁铁虽然可保护火花塞不易坠落，但仍要小心，避免火花塞坠落，如图1-22所示。

② 为确保火花塞正确地插入，要用手慢慢地扭转，如图1-22所示。（参考：规定的转矩为 1.8～2 N·m）

四、活动扳手

活动扳手如图1-23所示，其开口尺寸能在一定范围内任意调整，使用场合与开口扳手相同。但活动扳手较笨重，操作起来不太灵活。活动扳手的规格以手柄长度和最大开口宽度（mm）来表示。汽车修理中常用的活动扳手有以下几种规格：150mm×19mm、250mm×30mm、300mm×36mm、375mm×46mm。

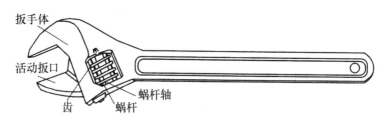

图 1-23　活动扳手

（1）活动扳手的使用要求。

活动扳手的使用如图1-24所示。

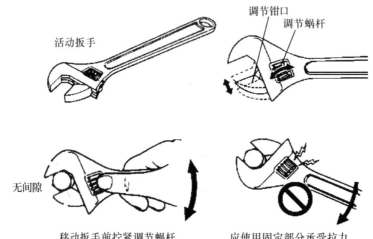

图 1-24　活动扳手的使用

① 使用活动扳手时，应根据螺栓、螺母的尺寸预先调好活动扳手的开口，使之与螺栓、螺母的六角一致。

② 扳转时，应使固定部分承受拉力，以免损坏活动部分。

③ 扳转时，禁止在活动扳手的手柄上随意加套管或锤击。

④ 禁止将活动扳手当作锤子使用。

（2）活动扳手的应用。

活动扳手用于尺寸不规则的螺栓、螺母的拆装或压紧其他零件。

① 旋转调节螺丝改变孔径。一个可调扳手可用来代替多个开口扳手。

② 不适用于施加大扭矩。

💡 **注意**

　　开口扳手用力前，可以使调节钳口在旋转方向上转动，以便调节开口尺寸。如果不用这种方法转动扳手，压力将作用在调节螺丝上，使其损坏。

五、扭力扳手

　　扭力扳手是一种可以测量拧紧螺纹连接组件所需扭矩值的手动扳手，也是一种扭矩计量工具。扭力扳手可分为 3 大类：定值式扭力扳手、指示式扭力扳手和电子数显扭力扳手。定值式扭力扳手又分为预置式扭力扳手和可调式扭力扳手，此类扭力扳手的功能简单，精度较低（一般为±4%），但价格较便宜。因为生产技术容易掌握，所以制造生产的厂商也很多。定值式扭力扳手是装配作业中较早使用的产品。指示式扭力扳手的精度一般在±3%，它主要解决了定值式扭力扳手没有扭力测量功能的问题，并提高了测量精度。电子数显扭力扳手在国际上出现于 20 世纪 90 年代初，它很好地解决了以上两类扭力扳手功能简单、使用精度不高的问题。电子数显扭力扳手具有高精度、多功能和能与计算机传输数据的功能，能够很好地解决机械式扭力扳手在紧固件拧紧控制中不能解决的问题。

1. 预置式扭力扳手

　　预置式扭力扳手如图 1-25 所示，具有预设扭矩数值和声响装置。使用时，首先设定好一个需要的扭矩值上限，当施加的扭矩达到设定值时，扳手会发出"咔嗒"声或者扳手连接处折弯一点角度，同时伴有明显的手感振动，这就表示已经完成紧固。解除作用力后，扳手各相关零件能自动复位。

图 1-25　预置式扭力扳手

（1）扭力扳手工作原理

扭力扳手发出"咔嗒"声的原理可以从以下几个方面去理解。

① 扭力扳手在发出"咔嗒"声后是提示已达到要求的扭矩值。

② 扭力扳手发出的"咔嗒"声是由本身内部的扭矩释放结构产生的，其结构分为压力弹簧、扭矩释放关节、扭矩顶杆 3 部分。

③ 首先在扭力扳手上设定所需扭矩值（由弹簧套在顶杆上向扭矩释放关节施压），锁定扭力扳手，开始拧紧螺栓。当螺栓达到扭矩值（使用扭力大于弹簧的压力）后，会产生瞬间脱节的效应。在产生脱节效应的瞬间发出关节敲击，即扳手金属外壳所发出的"咔嗒"声。由此来确认达到扭矩值的提醒作用（就像我们手臂关节成 15°弯曲放在铁管里瞬间伸直后会碰到钢管的原理一样）。

（2）预置式扭力扳手的使用要求

① 拆装时用左手把住套筒，右手握紧扭力扳手手柄向靠近自己的一边扳转。禁止向外推，以免滑脱而损伤身体。

② 对要求拧紧力矩较大、工件较大、螺栓数较多的螺栓、螺母，应分次按一定顺序拧紧（如发动机应由中间往两边交叉分 3~4 次拧紧）。

③ 拧紧螺栓、螺母时，不能用力过猛，以免损坏螺纹。

④ 禁止使用无刻度盘或刻度线不清的扭力扳手。

⑤ 拆装时，禁止在扭力扳手的手柄上加套管或用锤子锤击。

⑥ 扭力扳手使用后应擦净油污，妥善放置。

⑦ 预置式扭力扳手使用前应做好调校工作，使用后应将预紧力矩调到零位。

（3）预置式扭力扳手的使用方法（以"世达"预置式扭力扳手为例）

① 设置扭力。

首先必须将锁环调在"打开（UNLOCK）"状态，锁紧装置如图 1-26 所示，为此需单手握住手柄，然后顺时针转动锁环至末端。

转动手柄，直至手柄上部的"0"刻度线与所需设置扭力值对应的中线重合，手柄上部刻度如图 1-27 所示。

若所需的扭力值在两个示值之间，则继续转动手柄，直至扳手上示值之和等于所需设置扭力值。

若需锁紧扳手，则应单手握住手柄，然后逆时针转动锁环直至末端。

 注意

切勿在锁环位置为"锁紧（LOCK）"时转动手柄，否则容易损坏调节装置。

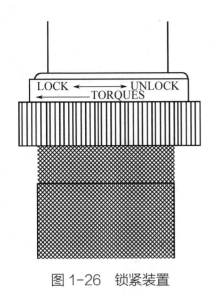

图1-26　锁紧装置

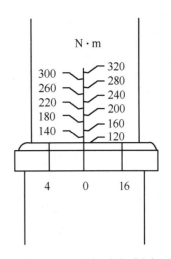

图1-27　手柄上部刻度

② 扭力设置实例。若需将扭力设置为 104 N·m。首先，转动手柄，直至手柄上部刻度读数显示为"100"，同时手柄上的读数"0"应与刻度中心吻合。然后，继续顺时针旋转手柄，直至读数"4"与刻度中心吻合，扭力设置示意图如图 1-28 所示。此时，所设扭力值为 104 N·m（100+4=104）。操作扳手前请务必将锁环置于"UNLOCK"位置。

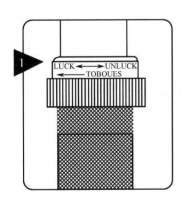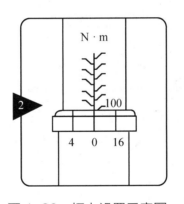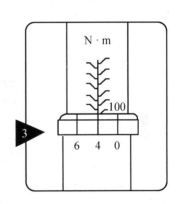

图 1-28　扭力设置示意图

③ 预置式扭力扳手使用注意事项。

根据需要选择合适的扭力扳手，切勿超出扭力扳手的使用范围设置扭力。

调整扭力之前，要确认锁紧装置处于"打开（UNLOCK）"状态。当锁环处于"LOCK"时，切勿转动手柄，否则会损坏锁紧装置。

使用扳手前，要确认锁紧装置处于"锁紧（LOCK）"状态。

为了使扭力扳手在使用时处于良好状态，当首次使用或长期未使用的扭力扳手再次使用时，务必以高扭力操作 5～10 次，以使其中的精密部件能得到内部特殊润滑剂的充分润滑。

④ 保持正确握紧手柄的姿势。握紧手柄，而不是扳手杆，然后平稳地拉动扳手，握紧手柄示意图如图 1-29 所示。沿垂直于扭力扳手壳体方向，慢慢地加力，直至听到扭力扳手

发出"咔嗒"的声音，此时扭力扳手已达到预置扭力值，工件已加力完毕，应及时解除作用力，以免损坏零部件。在施力过程中，按照国家标准仪器操作规范，其垂直度偏差左右不应超过 10°，水平方向上下偏差不应超过 3°，操作人员在使用过程中应保证其上下左右的施力范围均不超过 15°，施力方法示意图如图 1-30 所示。

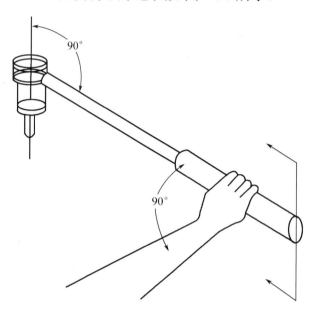

图 1-29　握紧手柄示意图

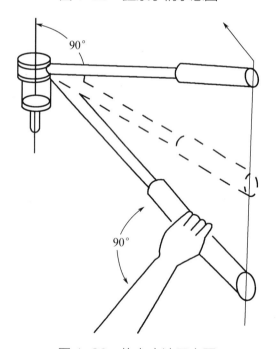

图 1-30　施力方法示意图

2．指示式扭力扳手

指示式扭力扳手如图 1-31 所示，是一种可读出所施扭矩大小的专用手柄。普通扭力扳手的规格是以最大可测扭矩来划分的，常用的有 98 N·m、196 N·m、294 N·m。扭力扳

18

手除了用来控制螺纹件旋紧时的扭矩，还可用来测量旋转件的起动转矩，小型扭力扳手测量起动转矩如图 1-32 所示。

图 1-31　指示式扭力扳手

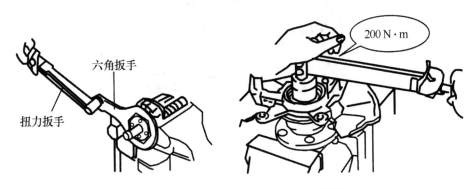

图 1-32　小型扭力扳手测量起动转矩

六、内六角扳手

内六角扳手如图 1-33 所示，用于拆装内六角螺栓（螺钉、螺塞）。规格以六角形对边尺寸 s 表示，有 3～27 mm 共 13 种。汽车维修作业中有 4 mm、5 mm、6 mm、8 mm、10 mm 5 种规格。内六角扳手常用旧气门杆或断丝锥磨制。

图 1-33　内六角扳手

七、T 形扳手

T 形扳手如图 1-34 所示，编号规格主要有 47701（8 mm）、47706（13 mm）、47702（9 mm）、47707（14 mm）、47703（10 mm）、47710（17 mm）、47704（11 mm）、47712（19 mm）、47705（12 mm）等。

T 形扳手有如下特点。

① 套筒头采用优质铬钒合金钢锻造。

② 独特的设计可使加长杆长达 30 cm，适合在狭窄的空间内操作。

③ 把手长度达 20 cm，扭力更大。

图 1-34　T 形扳手

八、管子钳

管子钳是用来卡住和转动圆管的，如图 1-35 所示。按其作用分类属于扳手类，故也称为管子扳手。

管子钳的规格用扳口最大有效开度和此时的全长来表示，常用的 3 种规格为 300 mm×40 mm、350 mm×50 mm 和 450 mm×60 mm。

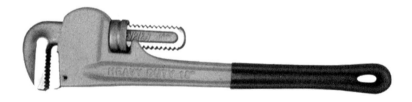

图 1-35　管子钳

管子钳的使用要求如下。

（1）使用时，应根据圆柱件的尺寸预先调好管子钳的钳口，使之夹住管件，并使固定部分承受拉力，以免扳转时滑脱。

（2）管子钳使用时不得用锤子锤击，也不可将管子钳当锤子使用。

（3）禁止用管子钳拆装六角螺栓、螺母，以免损坏六角螺栓、螺母。

（4）禁止用管子钳拆装精度较高的管件，以免改变其表面的粗糙度。

💡 **提示**

扳手选用的原则：优先使用套筒扳手，其次是梅花扳手，最后是开口扳手。
开口扳手一般用来固定螺母，操作时尽可能不用太大的力。

任务实施

1. 气缸盖螺栓的拆装

（1）用 14 的套筒、扭力扳手将气缸盖的螺栓拧松，每颗螺栓拧转 $90°\sim180°$，并且按从两端到中间的顺序交叉拧松，拆卸气缸盖螺栓如图 1-36 所示。

（2）换用 14 的 T 形扳手同样按从两端到中间的顺序交叉拧松螺栓。最后用磁力棒将螺栓吸出，如图 1-37 所示，并按顺序放好。

图 1-36　拆卸气缸盖螺栓

图 1-37　用磁力棒将螺栓吸出

（3）将气缸盖装入气缸体，将拆出来的螺栓按原来的位置放回螺栓孔。

（4）用 14 的 T 形扳手将螺栓按从中间到两边的顺序交叉预紧，如图 1-38 所示，力矩为 $10\sim15\,\mathrm{N\cdot m}$，。

图 1-38　用 14 的 T 形扳手将螺栓按从中间到两边的顺序交叉预紧

（5）分别采用 $30\,\mathrm{N\cdot m}$、$58\,\mathrm{N\cdot m}$ 力矩的预置式扭力扳手，按从中间到两边的顺序交叉预紧。

2．传动轴的拆装

（1）用梅花和开口扳手按对角交叉的顺序分 3 次拆下螺栓，如图 1-39 所示。注意开口扳手只能用来定位。

（2）安装时按拆卸的相反顺序紧固螺栓。

图 1-39　拆下螺栓

3．利用组合扳手拆装汽车轮胎

（1）垫好车轮挡块（三角木）。选择合适的套筒，用加长杆和指示式扭力扳手（如图 1-40 所示）拧松汽车轮胎上的螺母，如图 1-41 所示。

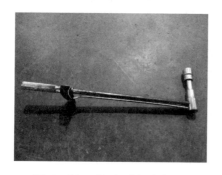

图 1-40　指示式扭力扳手

图 1-41　拧松汽车轮胎上的螺母

（2）用千斤顶顶起汽车后轮（如图 1-42 所示），并安装架车凳（如图 1-43 所示）。

图 1-42　千斤顶顶起汽车后轮

图 1-43　安装架车凳

（3）用快速扳手将轮胎螺栓拧出来。先拆卸下面的一颗螺母，然后拆卸两边的螺母，最后拆卸上面的螺母，以防车轮掉下来。

（4）将车轮整体拆下来，并放到后桥的下面（放一半），轮胎放置位置如图 1-44 所示，以保证操作人员及车辆的安全。

图 1-44　轮胎放置位置

（5）按相反的顺序将车轮安装好，并预紧螺母。

（6）将车辆放下，垫好车轮挡块（三角木），如图 1-45 所示。

图 1-45　垫车轮挡块（三角木）

（7）按规定的力矩，用预置式扭力扳手将轮胎螺母分 2～3 次交叉拧紧，拧紧螺母如图 1-46 所示。

图 1-46　拧紧螺母

💡 **素养与思政**

　　本任务要求分组训练，各小组必须按照规范的操作方式精确、快速地进行安装、检修，力求做到精益求精，弘扬大国工匠精神。各小组在实训过程中必须团结一致、相互合作，操作过程中要注意安全，要求全程实现"7S"管理。

 技能训练

要求：

1. 用普通扳手拆装汽车零部件。

2. 用扭力扳手拆装汽车轮胎。

3. 按照规范的工艺要求拆装，注意安全，全程要求"7S"管理。

任务 2 机动扳手

💡 知识目标

1. 了解机动扳手的类型。

2. 了解机动扳手的功用。

能力目标

1. 能正确使用风动扳手。

2. 能正确使用电动扳手。

思政目标

1. 通过风动扳手规范的操作流程，培养学生精益求精的工匠精神。

2. 通过学生小组合作学习，培养学生爱岗敬业、团结互助的价值观。

🚌 任务引入

在汽车修理中，拆卸螺纹连接件的工作量占总拆卸量的 50%～60%。有些螺栓的扭矩高达 490 N·m。常见的机动扳手有风动扳手和电动扳手。在实际工作中用机动扳手与套筒配合拆装螺栓、螺母，由于借助了外力拆装，因此大大提高了拆装螺纹连接件的生产效率，降低了劳动者的劳动强度并提高了装配质量。

本任务主要介绍机动扳手的构造及使用方法。

 相关知识

一、风动扳手

风动扳手也叫风炮，实际上是一种用压缩空气驱动的拆装螺栓、螺母的工具。风动工具使用压缩空气驱动气动马达，产生扭矩，带动减速箱，从而使扭矩增大，它们能使工作效率得到很大的提高。

1．结构和工作原理

（1）结构。风动扳手（如图 1-47 所示）主要由起动机构、变向机构、气动马达、行星齿轮减速传动机构和冲击机构等组成。

图 1-47　风动扳手

① 起动机构。采用钢珠作进气阀，靠弹簧弹力关闭气流通路。当按压压柄时，压柄推动阀杆，打开球阀进气。

② 变向机构。由变向阀、阀套、变向手柄组成。向左或向右转动变向手柄即可改变风动扳手的旋转方向。

③ 气动马达。采用滑片式结构，压缩空气从进气孔道进入气缸内，推动滑片，带动转子高速旋转，然后从排气孔中排出。若需要反转，则由变向机构改变气流的进出方向，转子即可反向旋转。滑片式气动马达的工作原理如图 1-48 所示。

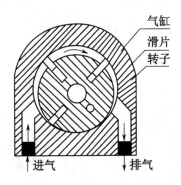

图 1-48　滑片式气动马达的工作原理

④ 行星齿轮减速机构。采用一级行星齿轮减速机构，行星齿轮减速原理图如图 1-49 所示。气动马达转子轴一端的小齿轮作为主动齿轮与减速机构中一对行星齿轮相啮合，两个行星齿轮沿着固定的内齿轮带动行星齿轮架和凸轮轴转动，但其转速大大低于气动马达转子的转速。

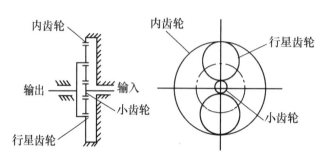

图 1-49　行星齿轮减速原理图

⑤ 冲击机构。采用弹簧钢珠式端面的冲击机构，主要由凸轮轴、预压弹簧、钢珠和冲击头等组成。凸轮轴为一圆柱体，外圆面上铣有 V 形凹槽。冲击头套在凸轮轴上，其圆面上铣有与凸轮轴上凹槽相对应的圆弧面形的凹槽，两凹槽间装有钢珠。冲击头前端用牙嵌（离合器）和扳轴上牙嵌相连接。由于预压弹簧的压力，扳轴和冲击头连成一整体。

（2）工作原理。按下压柄后，气动马达通过冲击机构带动扳轴旋转。当扳轴上套筒受到的阻力不大时（螺栓或螺母未上紧），扳轴和冲击机构作为一个整体旋转。当套筒不能旋转时（扳轴阻止冲击头旋转），由于气动马达仍带动凸轮轴旋转，此时凸轮轴的扭转力迫使冲击头通过钢珠沿凸轮轴上的凹槽后退，致使冲击头牙嵌与扳轴上牙嵌分离，在分离的瞬间，冲击头由于卸除了阻力而加速旋转，并在弹簧的作用下重新与扳轴牙嵌接合，同时产生旋转冲击力。如此往复进行，即可迅速拧紧或拧松螺母。

💡 **注意**

使用风动工具时，禁止在工具上加注润滑油，如图 1-50 所示。

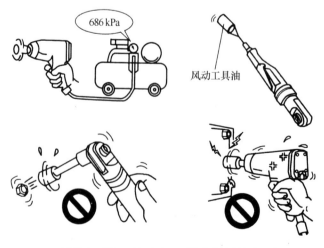

图 1-50　禁止在工具上加注润滑油

2．风动扳手的型号和技术参数

风动扳手分为直柄式、枪柄式、环柄式和侧柄式 4 种。小型的一般为枪柄式或直柄式，大型的为环柄式或侧柄式。风动扳手型号和基本参数可参见表 1-1。汽车维修保养中通常用 B 系列或 QB 系列。

表 1-1　风动扳手型号和基本参数

型号	适用螺栓的直径（mm）	验收扭矩（N·m）	空载耗气量（m³/min）
B6	6	9.8	≤0.3
B6A	6～8	19.8	≤0.4
B10A	10～12	88.6	≤0.6
QB14	12～16	147	≤0.8
QB16	14～18	196	≤1.0
QB20	20～22	490	≤1.6

3．风动扳手的使用和保养

风动扳手是由许多精密零件组成的，其使用寿命在很大程度上取决于操作者能否正确使用和保养。

（1）风动扳手使用的压缩空气必须经油水分离器清洁和调压器稳压（490～588 kPa）。

（2）在使用前，要接入气源检查各接头扳手有无漏气。然后启动扳手，检查是否有异响，空转是否正常。如有异常应及时修理。

（3）由于扳轴输出的扭矩是定值，所以扳手应和所拆装的螺纹件相适应。为了方便更换扳手，可采用快速接头。

（4）风动扳手冲击频率高，拆装一个螺纹件仅需几秒钟，如果时间过长，扳手和螺纹件都容易损坏。

（5）使用中应经常检查机体紧固螺栓，一般 1～3 个月要拆洗、检修和润滑一次。

4．风动扳手安全操作注意事项

（1）在使用前，必须阅读并理解使用说明书，未经培训不能使用。

（2）应定期保养，保持性能完好，配件齐全无缺损。

（3）套筒头、套筒连接件、风管、风管快插接头等配件，须使用专用配件，或使用制造商推荐配件，如有异常应立即更换。

（4）使用的风源必须清洁干燥，一般需配置调压、过滤、油雾的气动三联件，使风压稳定、可调、有润滑性。压力不能超过风动扳手的额定压力。风管与风源连接可靠，无泄漏，长度一般不超过 5 m。

（5）操作时，出风口不得朝向人。

（6）选择合适的方向及输出扭矩。

（7）保持套筒头与螺栓的同轴度。

（8）旋紧螺母时，须先人工把螺母安装到位，再用风动扳手打紧。

（9）拆卸螺母时，在螺母即将脱开螺栓时，应减小风动扳手扳机的压紧力度，防止损坏螺纹。

（10）使用开口扳手、梅花扳手给螺栓定位时，应防止风动扳手的旋转力矩打伤手，以及扳手从高处掉落。

（11）有压力的风管脱开时，应尽快用脚踩住风管头部再关闭风源，不得用手抓。

提示

与气动扳手配套使用的套筒内壁要比普通套筒的内壁厚一些。

二、电动扳手

电动扳手（如图1-51所示）就是以电源或电池为动力的扳手，是一种拧紧螺栓的工具。电动扳手是装卸螺纹连接件的手持式电动工具，广泛应用于汽车、拖拉机、电机、电器、动力机械、阀门、水泵、纺织机械等制造业的装配工作中，主要分为冲击扳手、扭剪扳手、定扭矩扳手、转角扳手、角向扳手、液压扳手、扭力扳手、充电式电动扳手。

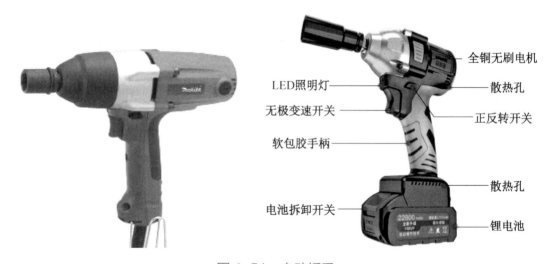

图 1-51　电动扳手

1. 电动扳手的构造

电动扳手有安全离合器式和冲击式两种结构型式。

安全离合器式是一种采用达到一定力矩时就脱扣的安全离合器机构来完成拆装螺纹件的结构型式；冲击式则是采用冲击机构，以其冲击力矩完成拆装螺纹件的结构型式。前者由于其结构简单，输出力矩较小，且存在一定的反作用力矩，一般仅适用于制造 8 mm 及以下的电动扳手；后者结构较复杂，制造工艺要求高，但其输出力矩大，且反作用力矩很小，一般适用于制造较大规格的电动扳手。

冲击式电动扳手由电动机、行星齿轮减速器、滚珠螺旋槽冲击机构、正反转电源开关、电源连接装置件和机动套筒等组成。

冲击式电动扳手按选用电动机的类型分为单相串励电动扳手和三相电动扳手。

2．电动扳手的工作原理

当螺母的端面与工件端面接触后，阻力矩急剧上升，转动的螺旋槽使滚珠带着主动冲击块克服摩擦力和工作弹簧的压力向后移动，使主动冲击块与从动冲击块互相啮合的齿牙脱离啮合。此时，从动冲击块不移动，而主动冲击块继续向后移动。在转过从动冲击块的齿牙后，由于工作弹簧的作用使主动冲击块瞬时前移，并沿螺旋槽产生一个角加速度，主动冲击块撞击从动冲击块，两齿牙产生碰撞。然后螺旋槽又使滚珠和主动冲击块后移，脱离啮合。这样周而复始产生一次又一次的碰撞，从而获得所需的冲击力矩，使螺母紧固。

双重绝缘单相串励电动扳手在操作手柄上装有两只开关。一只为工作开关，是操纵启动和停止的；另一只是专门为改变电枢正反转而设置的，两只开关不可接反。

3．电动扳手的型号

外接电源式电动扳手一般采用电压为220 V的单相串激式电动机驱动，这种电动机扭矩较大，适合于断续工作。由于采用双重绝缘结构，提高了用电安全性，因此不需要接地线。常用电动扳手型号和主要技术参数见表1-2。

表1-2　常用电动扳手型号和主要技术参数

型号	P2B-8	P1B-12	P1B-16	P1B-20
使用范围（mm）	M6～M8	M10～M12	M14～M16	M18～M20
额定扭矩（N·m）	14.7	58.8	147	215.6
质量（kg）	1.7	2.5	4.5	5.5～6

锂电池电动扳手按电压大小可分为：42 V、24 V、18 V、14.4 V、12 V、10.8 V、9.6 V、7.2 V、4.8 V、3.6 V。

4．电动扳手的特点及使用注意事项

电动扳手的特点：使用寿命长；手柄和机壳材料散热性好；功率大，拆装扭力矩大、力矩准确，比手动更保险可靠；耐撞击性强；性价比高。

电动扳手使用时的注意事项有以下几点。

（1）确认现场所接电源与电动扳手铭牌规定值是否相符，是否接有漏电保护器。

（2）根据螺帽大小选择匹配的套筒，并妥善安装。

（3）在送电前确认电动扳手上的开关处于断开状态，否则插头插入电源插座时，电动扳手会突然转动，可能导致人员受伤。

（4）若作业场所在远离电源的地点，需延伸线缆时，应使用容量足够、安装合格的延伸线缆。延伸线缆如通过人行过道时，应架高或做好防止线缆被碾压损坏的措施。

（5）尽可能在使用时找好反向力矩支撑点，以防反作用力伤人。

（6）使用时若发现电动机炭火花异常，应立即停止工作，进行检查处理，排除故障。此外炭刷必须保持清洁干净。

（7）和风动扳手相同，电动扳手是定扭矩的，因此作旋紧用时必须注意扳手的使用范围，以防拧断螺栓。

（8）装配一个螺纹件，一般冲击时间为 2～3 s，不要经常超过 5 s。

（9）电压过低、过高均不宜使用。变换转向时，要先用电源开关切断电源，再扳动正反转开关，以保护正反转开关。

（10）定时清洗冲击机构和整流子，以便及早发现隐患。同时，要及时更换润滑脂。

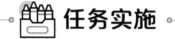

任务实施

使用气动扳手拆装汽车轮胎上的螺母。

（1）选择合适的套筒并将其安装到风动扳手上，同时连接好气管，调试好扭力，注意正反方向，安装套筒如图 1-52 所示。

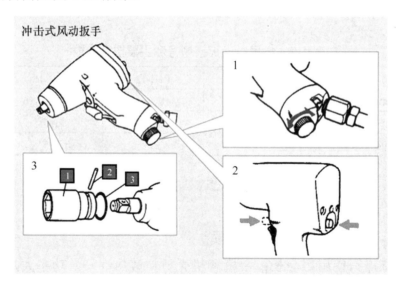

图 1-52　安装套筒

（2）用举升机将汽车举起，当车身离开地面 0.5 m 时，检查被顶起的汽车是否稳固，确认汽车安全后继续升高，高度以车轮中心到人的胸部高度为宜。

（3）按对角交叉的顺序将轮胎的螺母拆下，如图 1-53 所示。先拆卸两边的螺母，上面的一颗螺母最后拆，以防止车轮掉下来。

（4）安装轮胎螺母时，先用手将螺母拧紧 3～5 圈，再用风动扳手将螺栓拧紧，拧紧顺序为对角交叉并分 2～3 次拧紧。

图 1-53　按对角交叉的顺序将轮胎的螺母拆下

💡 **素养与思政**

本任务要求分组训练，各小组必须按照规范的操作方式精确、快速地进行拆装，力求做到精益求精，弘扬大国工匠精神。各小组在实训过程中必须团结一致、相互合作，操作过程中要注意安全，要求全程实现"7S"管理。

 **技能训练**

要求：

1．用电动扳手拆装汽车零部件。

2．用风动扳手拆装汽车轮胎。

3．按照规范的工艺要求拆装，注意安全，全程要求"7S"管理。

 任务 3　手钳与螺钉旋具（起子）

💡 **知识目标**

1．掌握普通手钳的类型及功用。

2．了解常用螺钉旋具（起子）的类型及功用。

🔧 **能力目标**

1．能正确使用常用手钳。

2．能正确使用常用螺钉旋具（起子）。

✏️ **思政目标**

1. 通过手钳和螺钉旋具（起子）规范的操作流程，培养学生精益求精的工匠精神。
2. 通过学生小组合作学习，培养学生爱岗敬业、团结互助的价值观。

 **任务引入**

手钳是采用杠杆原理夹持机件或剪切金属丝的简单工具。汽车维修保养中采用的手钳种类较多，按其用途和来源可分为两大类：通用手钳和专用手钳。

通用手钳是指汽车维修作业中常用的鲤鱼钳、钢丝钳、尖嘴钳、弯嘴钳、挡圈钳、断线钳和多用钳等。它们的规格一般以钳身长度来表示。在汽车维修作业中，根据作业的特点和车型的不同，还需采用各种专用手钳，如气门弹簧钳、活塞环钳等。

🔬 **相关知识**

一、鲤鱼钳和钢丝钳

鲤鱼钳，是汽车维修作业中使用最多的一种手钳，如图 1-54 所示。鲤鱼钳钳头的前部是平口细齿，适用于夹捏小零件，中部凹口粗长，适用于夹持圆柱形零件，也可以代替扳手旋小螺栓、小螺母；钳头后部刃口可剪切金属丝。由于一片钳体上有两个互相贯通的孔，又有一个特殊的销子，所以操作时钳口张开度可以很方便地变化，以适应夹持不同大小的零件。

鲤鱼钳有 165 mm、200 mm 两种，用 50 优质碳素结构钢制造，刃口部硬度为 HRC 48～54。

鲤鱼钳的应用如下所述。

（1）用于夹东西。

（2）改变支点上孔的位置可以调节钳口张开度。

（3）可用钳口夹紧或拉动。

（4）可在颈部切断细导线。

💡 **提示**

在用钳子夹紧前，须用防护布或其他防护罩遮盖易损坏件。

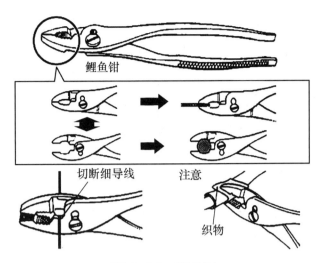

鲤鱼钳

切断细导线　　　注意

织物

图 1-54　鲤鱼钳

钢丝钳（如图 1-55 所示）的用途和鲤鱼钳相似，其支销相对于两片钳体的位置是固定的，故使用时不及鲤鱼钳灵活，但剪断金属丝的效果比鲤鱼钳要好。规格有 150 mm、175 mm、200 mm，且有绝缘柄和铁柄之分。

图 1-55　钢丝钳

钢丝钳上带有旁刃口，能夹持工件，还能折断金属薄板，切断直径较小的金属丝。

三、 尖嘴钳和弯嘴钳

尖嘴钳和弯嘴钳因其头部细长，所以能在较小的空间工作。不带刃口的只能夹持工件，带刃口的能剪切细小零件。使用时，不能用力太大，否则钳口头部会变形、销轴处会松动。规格以钳长表示，有绝缘柄和铁柄之分。汽车修理中常用规格为 160 mm，尖嘴钳和弯嘴钳如图 1-56 所示。

图 1-56　尖嘴钳和弯嘴钳

三、挡圈钳

挡圈钳又称卡簧钳，是一种用来安装内簧环和外簧环的专用工具，外形上属于尖嘴钳一类，钳头可采用内直、外直、内弯、外弯等形式，专门用来拆装轴或孔的弹性挡圈。由于挡圈分为孔用、轴用，且安装位置不同，因此挡圈钳有直嘴式孔用、弯嘴式孔用、直嘴式轴用、弯嘴式轴用 4 种样式，孔用挡圈钳如图 1-57 所示，轴用挡圈钳如图 1-58 所示。规格按钳身长度分为：125 mm、175 mm、225 mm。汽车维修保养作业中 175 mm 的用得较多。对于俗称卡簧的无孔挡圈，要用图 1-59 所示的特种挡圈钳来拆装。

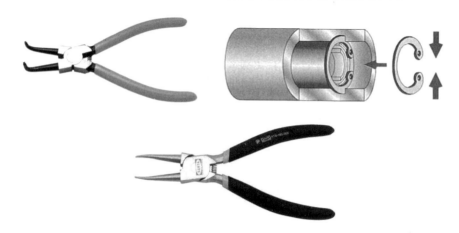

图 1-57　孔用挡圈钳

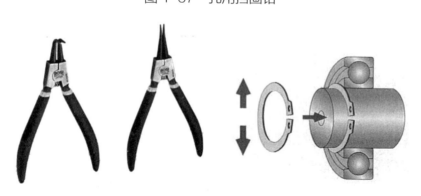

图 1-58　轴用挡圈钳

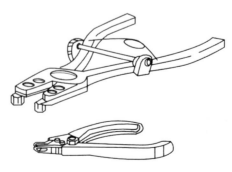

图 1-59　特种挡圈钳

四、断线钳

断线钳（如图 1-60 所示）利用一组复合杠杆，能比较省力地剪断较粗的金属线材。尤其在修理汽车木质车厢时，断线钳常用来剪断锈死的螺栓及硬度在 HRC 30 以下的 10 号圆钢。常用的断线钳有长 750 mm 和 900 mm 两种规格。

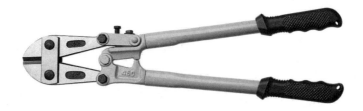

图 1-60　断线钳

五、斜口钳

斜口钳（如图 1-61 所示）又名斜嘴钳，有很多类别。例如，百锐工具产品目录的斜口钳分为专业电子斜嘴钳、德式省力斜嘴钳、不锈钢电子斜嘴钳、VDE 耐高压大头斜嘴钳、镍铁合金欧式斜嘴钳、精抛美式斜嘴钳、省力斜嘴钳等。市场上的斜嘴钳尺寸一般分为 4 寸、5 寸、6 寸、7 寸、7.5 寸、8 寸几种规格。大于 8 寸的比较少见，小于 4 寸的，一般称为迷你斜口钳，约为 125 mm。常用规格为 5 寸、6 寸和 7.5 寸。

图 1-61　斜口钳

钳口由 45#碳钢、55#碳钢、铬钒钢等制成，硬度可达 HRC 48～60，剪切力强。手柄有单色沾塑手柄、双色沾塑手柄、PVC 或 TPR 套柄。表面以抛光电镀居多，也有珍珠镍、黑化等处理方式。

斜口钳主要用于切断金属丝（由于刀片尖部为圆形，可用于切割细线，或者只选择所需的线从线束中切下）、首饰加工、电子制造、模型制作等。

斜口钳使用时应注意以下几项。

（1）禁止使用普通钳子带电作业。

（2）剪切紧绷的钢丝时，必须做好防护措施，防止被剪断的钢丝弹伤。

（3）不能将钳子作为敲击工具使用。

（4）不能用于切割太硬或太粗的线，会损坏刀片。

六、大力钳

大力钳又称为锁钳，它的钳口开度较大，主要用于夹持零件进行铆接、焊接、磨削等加工，其特点是钳口可以锁紧并产生很大的夹紧力，使被夹紧零件不会松脱，而且钳口有多档调节位置，供夹紧不同厚度的零件使用，另外也可作扳手使用。

大力钳利用一组复合杠杆，能产生的夹紧力可达 4 900 N（500 kgf）。250 mm 长的大力钳，钳口开度可达 50 mm。此外大力钳夹持物体后可将钳口锁死，因而大力钳兼有活动扳手、普通手钳和夹具的功能，适用于汽车维修。

大力钳分为普通和专用两大类。普通大力钳（如图 1-62 所示）分直嘴和曲嘴两种，曲嘴的钳口后部常有剪切刃口，适用于剪切细金属丝。目前国产大力钳的种类较多，常见大力钳的规格有：5"，总长度 127 mm；6"，总长度 165 mm；7"，总长度 175 mm；8"，总长度 228 mm；9"，总长度 228 mm；10"，总长度 254 mm；11"，总长度 279 mm；19"，总长度 475 mm。

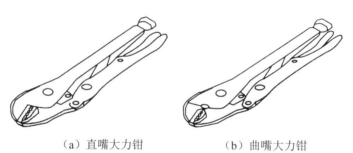

（a）直嘴大力钳　　　　（b）曲嘴大力钳

图 1-62　普通大力钳

专用大力钳包括 C 形夹钳、宽嘴钳、焊接钳、链条式大力钳等，此类工具主要用于焊接或其他连接前的夹紧定位，如图 1-63 所示，都是焊接过程中必不可少的工具。它们的特点是：① 钳口用铬钒钢整体锻造，韧性好；② 冲压钢板手柄，夹持物体不变形；③ 热处理调节杆，易调整为最佳尺寸。

图 1-63　专用大力钳

专用大力钳的使用方法如下。

（1）根据被夹持工件的大小，先把大力钳尾部螺丝松到预计的位置。

（2）分开两手柄，张开夹口，让夹口咬上想要夹持的工件，然后合并两个手柄。

（3）用左手握住两个合并的手柄，右手调整尾部螺丝，直到转不动为止。

（4）把大力钳从工件上拿下来，继续旋紧几扣尾部螺丝，这样就调节好专用大力钳的夹口宽度了。

（5）张开夹口，咬住工件，合并两手柄，由于杠杆原理，专用大力钳就能夹得很紧了。

（6）如果感觉太松，可以拿下来，再旋紧几扣螺纹；如果太紧，可以通过旋松几扣螺纹进行调节。

专用大力钳在车身修复中使用非常广泛，在焊接前通常都要用专用大力钳把所要焊接的部件正确地夹在一起，固定焊接件如图 1-64 所示。

图 1-64　固定焊接件

手钳的使用要求如下。

（1）使用时先擦净油污。根据需要选用手钳的类型。

（2）禁止将手钳当扳手、撬棒或锤子使用。

（3）禁止用锤子击打手钳。

（4）禁止用手钳夹持高温机件。

七、螺钉旋具（起子）

螺钉旋具通常称为起子，又叫螺丝刀、旋凿，是用来拆装螺钉的。起子分为一字形和十字形两大类。

1. 一字形起子

一字形起子如图 1-65 所示，汽车修理中一般用木柄起子和木柄夹柄式起子。木柄夹柄式起子不仅能承受较大的扭力，还能承受较大的冲击力，可锤击或用扳手增加扭力但不能在 36 V 以上的电压场合下使用。木柄（YM 型）和塑料柄（YS 型）是指手柄的制造材料，塑料柄的绝缘性能高于木柄。穿心木柄（YM-Ⅲ型）的旋杆贯通于手柄，能承受较大的扭力，并且工作时可在柄端敲击，但不能带电操作。

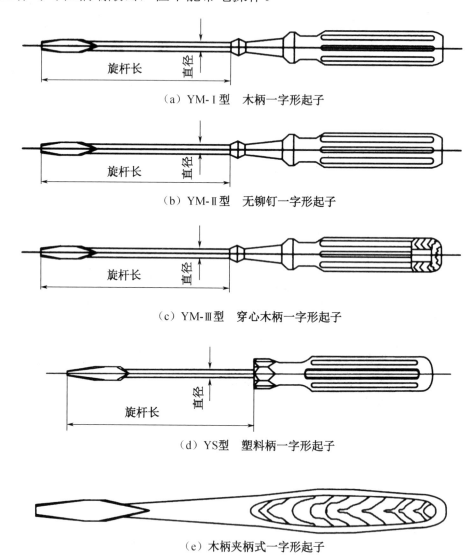

（a）YM-Ⅰ型　木柄一字形起子

（b）YM-Ⅱ型　无铆钉一字形起子

（c）YM-Ⅲ型　穿心木柄一字形起子

（d）YS型　塑料柄一字形起子

（e）木柄夹柄式一字形起子

图 1-65　一字形起子

常用木柄一字形起子的规格参数见表 1-3。

表 1-3　常用木柄一字形起子的规格参数

旋杆长（mm）	旋杆直径（mm）	口厚（mm）	口宽（mm）
75	3、4、5	0.4	8
100	4、5、7	0.4	8
150	7、8	1.4	9
200	8	杆径越大口越厚	杆径越大口越宽
300	9		

2．十字形起子

十字形起子的结构与一字形起子相同，区别在于旋杆端头的形状是十字形的。常用十字形起子的规格参数见表1-4。

表1-4　常用十字形起子的规格参数

槽型号	1	2	3	4
规格（mm）	略	75×5	100×8	250×9
		100×5	150×8	其余略
		250×5	200×8	
		125×6	250×8	
		150×6		
		200×6		
配合螺钉直径（mm）	2、2.5	3、4、5	6、8	10、12

3．组合起子

组合起子（如图1-66所示）又叫多用螺钉旋具。组合起子的一个手柄可配合多种旋杆，以适应拆装各种螺钉及在木头上钻小孔，有的柄部还装有氖管，可兼作电笔用。

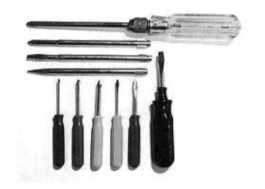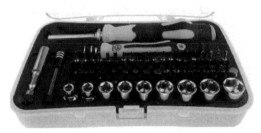

图1-66　组合起子

4．自动起子

自动起子（如图1-67所示）又叫自动螺钉旋具。这种起子具有顺旋、倒旋和同旋3种动作。当开关处于顺旋或倒旋位置时，旋杆可连续旋转，能提高生产效率，减轻劳动强度。当开关位于同旋位置时，作用和一般起子相同。自动起子有两种规格，分别为长250 mm（压缩后200 mm）和长500 mm（压缩后365 mm）。

5．冲击起子

冲击起子（如图1-68所示）是一种通过锤击起子，瞬间产生极大的扭矩来旋转螺栓的特殊起子。冲击起子采用特殊的淬火钢制成，可承受较大的冲击载荷，配有常用的十字、一字和内六方冲击头，主要用来松动锈死或者被冷焊住的螺栓，也可用于螺栓最终紧固。

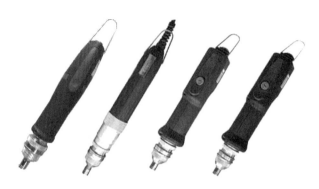

图 1-67 自动起子

图 1-68 冲击起子

使用方法：左手握住冲击起子，向下压，右手拿锤子，瞄准好，轻敲两下，让起子头与螺栓紧密接合，然后用力敲下去，左手在防止起子弹起的同时进行逆时针旋转，螺栓就会被起出来。

螺钉旋具的使用要求如下。

（1）应根据螺钉形状、大小选用合适的螺钉旋具。

（2）使用时螺钉旋具不可偏斜，扭转的同时需施加一定压力，以免旋具滑脱。

（3）使用时手心应顶住柄端，并用手指旋转旋具手柄。如使用较长的螺钉旋具，左手应握住旋具的前端。

（4）螺钉旋具或工件上有油污时应擦净后再用。

（5）禁止将螺钉旋具当撬棒或錾子使用。

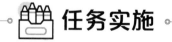 **任务实施**

1. 用卡环钳拆装卡簧

将卡环钳放入卡环孔中，收缩卡环钳，将卡环取出或将卡环装配到位。注意拆卸时要平衡用力，挡圈钳也要保持平衡，否则容易掉出来。拆装卡簧（挡圈）如图 1-69 所示。

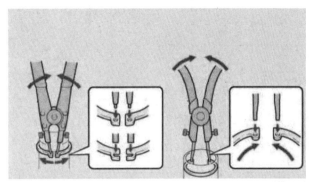

图 1-69　拆装卡簧（挡圈）

2. 用大力钳夹紧工件

用焊接专用的大力钳夹紧工件，并固定在工作台上，如图 1-70 所示。

图 1-70　用大力钳夹紧工件

素养与思政

本任务要求分组训练，各小组必须按照规范的操作方式精确、快速地进行拆装，力求做到精益求精，弘扬大国工匠精神。各小组在实训过程中必须团结一致、相互合作，操作过程中要注意安全，要求全程实现"7S"管理。

技能训练

要求：

1. 用卡环钳拆卸空调压缩机的卡环。
2. 用卡环钳安装空调压缩机的卡环。
3. 按照规范的工艺要求拆装，注意安全，全程要求"7S"管理。

汽车维修基本技能 一体化教材

4 拉拔器与举升工具

 知识目标

1. 了解举升工具与拉拔器的类型及功用。
2. 了解液压千斤顶的工作原理。

能力目标

1. 能正确使用举升工具与拉拔器。
2. 能用千斤顶举升汽车。

思政目标

1. 通过液压千斤顶规范的操作流程，培养学生精益求精的工匠精神。
2. 通过学生小组合作学习，培养学生爱岗敬业、团结互助的价值观。

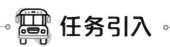 **任务引入**

在汽车的零部件中，轴承与轴颈多为过盈配合，如果没有专用工具会很难拆卸下来，拉拔器则专门用于拆卸安装时过盈配合的零部件，如轴承、正时齿轮和各种皮带轮等。汽车在行驶过程中如果出现轮胎漏气，在轮胎更换过程中则需要将汽车举起来，所以需要专用的举升工具。本任务主要介绍拉拔器与千斤顶的构造及使用方法。

 **相关知识**

在汽车维修过程中，需要用到很多专用工具，比如在拆装轴承时要用到拉拔器，安装油封时会用到冲子（主要是平头冲）；拆装汽车大型零部件则会用到举升工具，如千斤顶、架车凳等。

 一、变速器滚动轴承拉拔器

变速器上的滚动轴承可以将装轴承的轴抽出后拉下，也可以直接拉下。下面介绍两种不用抽出轴就可以拉轴承的拉拔器。

1. 环爪式轴承拉拔器（如图 1-71 所示）

这种拉拔器利用轴承外圈止动环槽作为夹持位置。使用时先将两个半圆环爪的爪口嵌入轴承止动环槽内，另一端对合在支座的台肩上，再将外套套在环爪的外圈上，转动螺杆，即可拉出轴承。

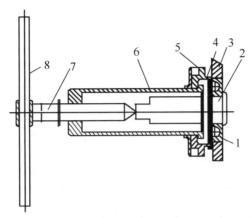

1—轴承；2—主轴；3—变速器壳；4—环爪；5—外套；6—支座；7—螺杆；8—手柄

图 1-71　环爪式轴承拉拔器

2. 拉杆式滚动轴承拉拔器（如图 1-72 所示）

利用专用拉杆拉出轴承时，先将拉杆插入滚珠轴承内、外圈之间，再插入插脚并挤紧，转动螺杆即可拉出轴承。

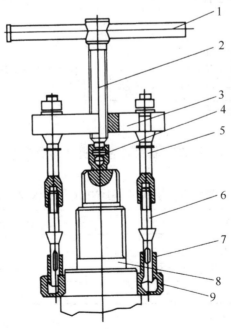

1—手柄；2—螺杆；3—横梁；4—顶头；5—接杆；6—拉杆；7—插脚；8—轴；9—轴承

图 1-72　拉杆式滚动轴承拉拔器

二、冲子

冲子主要用来传递压力或锤击力，以压入或压出机件，冲中心孔、圆孔、铆合铆钉等。主要应用于变速器拨叉轴的固定销拆装。

1. 中心冲

中心冲又叫样冲、尖头冲，用于在金属件上打浅眼，以便于钻孔。也用于使铆钉空心杆部位初步张开和在机件上做记号等。中心冲用 10A 碳素工具钢制作，尖端淬火至 HRC 60。汽车修理中常用旧气门杆或钻头等磨制。

2. 平头冲

平头冲大都用来冲入或冲出机件。拆装衬套类机件（铜套、油封、活塞销等）的平头冲（如图 1-73 所示）由 3 部分组成：导向部分、冲压部分、手持部分，各尺寸代号的含义见表 1-5。当导向部分直径较大时，为减轻质量，可加工成中空结构。平头冲通常用低碳钢制作，不用热处理，加工时应注意导向部分与冲压部分的同轴度。

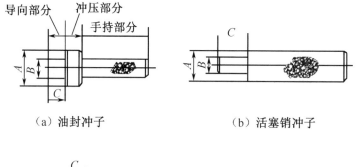

（a）油封冲子　　　　　　　　　　（b）活塞销冲子

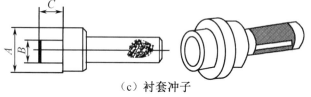

（c）衬套冲子

图 1-73　拆装衬套类机件的平头冲

表 1-5　平头冲各尺寸代号的含义

名称	A（mm）	B（mm）	C（mm）
油封冲子	比油封外径小 1	比油封内径大 2	比油封高出 2
活塞销冲子	比活塞销内径小 0.5	比活塞销外径小 1	比活塞销长 2
衬套冲子	比与衬套配合的轴外径小 0.5～0.6	比装衬套的孔径小 0.5～0.6	2/3 衬套长

三、千斤顶

千斤顶是用来顶举重物的起重工具。千斤顶有机械千斤顶和液压千斤顶等多种类型，汽车维修作业中常用的有液压式千斤顶、分离式液压起顶机、螺旋式千斤顶和举升器等。

千斤顶是利用液压传动最基本的原理——帕斯卡原理来工作的，即液体各处的压强是一致的。在平衡的系统中，较小的活塞上施加的压力较小，而较大的活塞上施加的压力也比较大，这样能够保持液体的静止。通过液体的传递，可以得到不同端上的不同压力，从而达到变换的目的。

1. 轻便式液压千斤顶

（1）结构。各种液压千斤顶是利用油液传递压强，通过大小不同的活塞，能够获得很大的液压力。液压千斤顶的结构如图 1-74 所示。

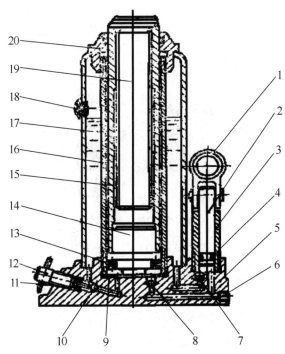

1—手柄套；2—柱塞；3—柱塞套；4、11、13—密封圈；5—底座；6—堵塞；7、8、10—钢球；9—钢球挡圈；12—回油阀；14—活塞头；15—活塞套；16—油缸；17—外壳；18—油堵；19—调整丝杆；20—顶帽

图 1-74　液压千斤顶的结构

（2）规格和基本参数。液压千斤顶是常见的五金商品，现已成系列，用 YQ 表示，其中 Y 表示液压式，Q 表示千斤顶，起重量为 0.75～750 t。YQ 系列液压千斤顶的基本参数见表 1-6。

汽车维修基本技能 一体化教材

表 1-6　YQ 系列液压千斤顶的基本参数

型号	起重量（t）	起重高度（mm）	最低高度（mm）	泵筒直径（mm）	大活塞直径（mm）
YQ11.5	1.5	90	165	12	24
YQ13	3	130	200	12	30
YQ15A	5	160	235	12	35
YQ110	10	160	245	12	46

（3）工作原理。千斤顶由外壳、杠杆手柄、小液压缸、大液压缸、单向阀、截止阀、油箱等部件组成。举升重物时，提起手柄使小活塞向上移动，小活塞下端油腔容积增大，形成局部真空，这时单向阀打开，通过吸油管从油箱中吸油；用力压下手柄，小活塞下移，小活塞下腔压力升高，单向阀关闭后再打开，下端油腔的油液经管道输入举升油缸的下腔，迫使大活塞向上移动，顶起重物。再次提起手柄吸油时，单向阀在弹簧与外力的作用下关闭，使油液不能倒流，从而保证了重物不会自行下落，油液又通过单向阀吸到小液压缸的下端油腔内。如此往复扳动手柄，就能不断地把油液压入举升油缸的下腔，使重物逐渐升起。如果打开截止阀，在重物的作用下举升油缸下腔的油液通过管道和截止阀流回油箱，重物即向下移动。液压千斤顶的工作原理如图 1-75 所示。

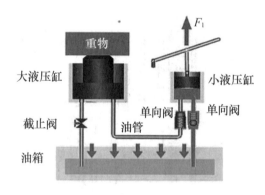

图 1-75　液压千斤顶的工作原理

（4）轻便式液压千斤顶的使用和保养。

① 顶起车辆时千斤顶要保持与地面垂直。在泥土等松软地面上使用时，下面要垫木板。放低时，要慢慢放松回油螺塞，以防千斤顶下降过猛。

② 不能超过起重量使用，不宜长时间（3 h 以上）顶着不放。

③ 严寒季节，千斤顶内油液会变稠而影响使用，可加热后再使用，但温度不要太高，以防损坏皮碗。有条件的可采用仪器油，避免发生油液过稠现象。

④ 在无负荷时达不到规定的高度，应检查油平面。若油平面合适，则应拆洗检修千斤顶。

2．卧式液压千斤顶

卧式液压千斤顶的工作油缸是卧倒（近于水平）安置的，和轻便式（立式）液压千斤顶相比，卧式的最低高度小、起重高度大。卧式千斤顶机架上装有轮子，移动方便，使用时人不必钻进车下，可站在车旁操作，因此很适合汽车维修使用。

一般把起重量2 t和2 t以下的卧式液压千斤顶称作小型卧式液压千斤顶。如图1-76所示为卧式液压千斤顶结构原理图，其液压部分与轻便式液压千斤顶基本相同，不同的是工作活塞推动顶架转动，使托盘上升顶起重物，托盘在上升过程中始终保持水平，这是靠撑杆、托盘架、顶架和机架所组成的四连杆机构来保证的。其后轮是转向轮，主要负荷在前轮上。为了保证使用安全，这种千斤顶还带有安全阀和限位装置，以防超载和超行程。

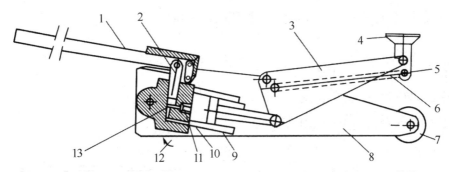

1—手柄；2—油泵柱塞；3—顶架；4—托盘；5—托盘架；6—撑杆；7—前轮；
8—机架；9—工作活塞；10—工作油缸；11—出油球阀；12—后轮；13—进油球阀

图1-76　卧式液压千斤顶结构原理图

千斤顶使用时需注意以下几点。

（1）顶起汽车前，应把千斤顶顶面擦拭干净，选择拉钮至上升位置，把千斤顶放置在被顶部位的下部，并使千斤顶与被顶部位相互垂直，以防千斤顶滑出而造成事故。

（2）旋转顶面螺杆，改变千斤顶顶面与被顶部位的原始距离，使起顶高度符合汽车需要的顶置高度。

（3）用三角形垫木将汽车着地车轮前后塞住，防止汽车在顶起过程中发生滑溜事故。

（4）用手上、下压动千斤顶手柄，被顶汽车逐渐升到一定高度，在车架下放入架车凳，禁止用砖头等易碎物支垫汽车。落车时，应先检查车下是否有障碍物，并确保操作人员的安全。

（5）汽车在顶起或下降过程中，禁止在汽车下面进行作业。应慢慢拧松液压开关，使汽车缓慢下降，汽车下降速度不能过快，否则易发生事故。

（6）在松软路面上使用千斤顶顶起汽车时，应在千斤顶底座下加垫一块有较大面积且能承受压力的材料（如木板等），防止千斤顶下沉。保证千斤顶与汽车接触位置正确、牢固。

（7）千斤顶把汽车顶起后，当液压开关处于拧紧状态时，若发生自动下降故障，则应

立即查找原因，排除故障后方可继续使用。

（8）如发现千斤顶缺油时，应及时补充规定油液，不能用其他油液或水代替。

（9）千斤顶不能用火烘热，以防皮碗、皮圈损坏。

（10）千斤顶必须垂直放置，以免因油液渗漏而失效。

四、架车凳

架车凳又叫车辆支撑架。对架车凳的基本要求是：架车可靠、使用方便、牢固耐用、制作简单。长条凳式或方凳式架车凳，由于凳子的高度不能调整，又比较笨重，因此已较少使用。目前常用的各种架车凳都是带升降顶柱的，架车凳按升降顶柱不同可分为以下 3 种。

（1）伸缩管式架车凳（如图 1-77 所示）。

（2）齿条式架车凳（如图 1-78 所示）。

（3）螺杆式架车凳（如图 1-79 所示）。

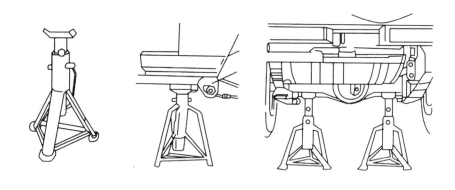

图 1-77　伸缩管式架车凳

图 1-78　齿条式架车凳

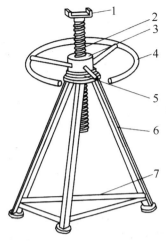

1—托板；2—螺杆；3—螺母；4—手盘；5—推力球轴承；6—支架；7—横梁

图 1-79　螺杆式架车凳

举升汽车时的注意事项如下。

（1）通常从尾部顶起车辆，但顶起顺序会因车型而异。

（2）千斤顶适配器用于带有偏置差动齿轮的 4WD 车辆。

（3）严禁将千斤顶放在扭矩梁车桥上顶升。

（4）须一直在平整的地面上修车，车辆中的所有行李须取出。

（5）在顶升时一定要使用架车凳，装好架车凳后才可进入车下。

（6）修车时切勿同时使用多个千斤顶。

（7）切勿顶升超过千斤顶最大允许荷载的任何车辆。

（8）带有空气悬架的车辆因其结构关系特殊，所以需要特别处理，可参考维修手册。

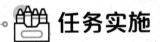

任务实施

五菱小旋风（B 系列）货车举升

1. 准备

（1）在顶升前，要检查维修手册中说明的车辆举升点和架车凳的支架支撑点。

（2）确保架车凳调到相同高度，将其放在车辆附近。

（3）将车轮挡块放在左前轮胎和右前轮胎的前后（车辆从后面顶升），放置挡块如图 1-80 所示。

2. 举升

（1）将释放把手拧紧，把千斤顶放在规定位置后举升车辆，并注意它所面对的方向，如图 1-81 所示。

图 1-80　放置挡块

图 1-81　用千斤顶举升车辆

（2）用架车凳替换千斤顶，如图 1-82 所示。

图 1-82　用架车凳替换千斤顶

（3）用同样的方法将另一侧的车轮举起，用架车凳将千斤顶替换下来，如图 1-83 所示。

图 1-83　举升另一侧

（4）用千斤顶重新将车顶起来，移除架车凳，将车缓缓放下，垫好三角木。

3．用拉拔器拆卸皮带轮

用三抓拉马拆卸空调压缩机的皮带轮，如图 1-84 所示。

图 1-84　拆卸皮带轮

本任务要求分组训练，各小组必须按照规范的操作方式精确、快速地进行拆装，力求做到精益求精，弘扬大国工匠精神。各小组在实训过程中必须团结一致、相互合作，操作过程中要注意安全，要求全程实现"7S"管理。

技能训练

要求：

1．用千斤顶更换汽车轮胎。

2．用拉马拆卸皮带轮。

3．按照规范的工艺要求拆装，注意安全，全程要求"7S"管理。

任务 5　活塞环与气门的拆装工具

知识目标

1．了解活塞环与气门拆装工具的类型及功用。

2．了解滑脂枪的用途。

3．了解清洁工具的种类和用途。

能力目标

1．能用活塞环拆装钳拆装活塞环。

2．能用气门弹簧拆装架拆装气门组件。

思政目标

1．通过活塞环与气门拆装工具规范的操作流程，培养学生精益求精的工匠精神。

2．通过学生小组合作学习，培养学生爱岗敬业、团结互助的价值观。

 任务引入

在汽车修理过程中，气门和活塞的拆装必须要用专门工具，若使用其他工具则可能损坏活塞环或气门组件等汽车零部件。本任务主要介绍活塞环与气门的拆装工具及使用方法。

相关知识

一、活塞环拆装钳

1. 用途

活塞环拆装钳是一种专门用于拆装活塞环的工具。维修发动机时，必须使用活塞环拆装钳拆装活塞环，避免活塞环因受力不均匀而折断。活塞环拆装钳主要有以下两种样式，如图 1-85 所示。

图 1-85　活塞环拆装钳的样式

2. 使用方法

使用活塞环拆装钳时，将拆装钳上的环卡卡住活塞环开口，握住手柄稍稍均匀地用力，使拆装钳手柄慢慢地收缩，环卡将活塞环徐徐地张开，使活塞环能从活塞环槽中取出或装入。

使用活塞环拆装钳拆装活塞环时，用力必须均匀，避免因用力过猛而导致活塞环折断，也可以避免伤手事故。活塞环要与钳面紧贴，以防滑脱，同时开口不宜过大，以防折断。

二、活塞环压缩器

活塞环压缩器主要由弹簧钢片、齿轮、限位卡钢带等组成，如图 1-86 所示。其工作过程为：在弹簧的外表面上设置两条扣紧带，扣紧带的一头绕设在一转动圆柱上，转动圆柱的中部装有一齿轮，扣紧带的另一头与一连接片及片簧铆接，连接片前端伸出一环形带，该环形带也绕在转动圆柱上，此外，连接片上设置了一弹性扣夹，该弹性扣夹与转动圆柱上的齿轮相互扣紧。

图 1-86　活塞环压缩器

三、气门弹簧拆装架

1．用途

气门弹簧拆装架是一种专门用于拆装顶置气门弹簧的工具，如图 1-87 所示。

图 1-87　气门弹簧拆装架

2．使用方法

使用时，将拆装架托架抵住气门，压环对准气门弹簧座，然后缓缓压下手柄，使得气门弹簧被压缩。当锁片露出来后，用尖嘴钳或其他工具取下气门弹簧锁销或锁片，慢慢地松抬手柄，即可取出气门弹簧座、气门弹簧和气门等。

四、滑脂枪

1．用途

滑脂枪又称黄油枪，如图 1-88 所示，是一种专门用来加注润滑脂（黄油）的工具。

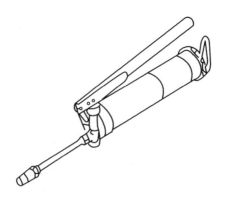

图 1-88　滑脂枪

2．填装黄油的方法

拉出拉杆使柱塞后移，拧下滑脂枪缸筒前盖。把干净黄油分成团状，慢慢装入缸筒内，且使黄油团之间尽量相互贴紧，便于缸筒内的空气排出。装回前盖，推回拉杆，柱塞在弹簧作用下前移，使黄油处于压缩状态。

3．注油方法

把滑脂枪接头对准要润滑的滑脂嘴（黄油嘴），直进直出，不能偏斜，以免影响润滑脂的加注，避免浪费。

如注不进油，应立即停止，并查明堵塞的原因，排除后再进行注油。

加注润滑脂时，不进油的主要原因有以下几点。

（1）滑脂枪缸筒内无润滑脂或压力缸筒内的润滑脂间有空气。

（2）滑脂枪压油阀堵塞或注油接头堵塞。

（3）滑脂枪弹簧疲劳过软而造成弹力不足或弹簧折断而失效。

（4）柱塞磨损过甚而导致漏油。

（5）油脂嘴被泥污堵塞而不能注入润滑脂。

五、清洁工具

金属丝刷是靠摩擦及刮削来除锈、除污的。制造刷针的材料有两种：碳素弹簧钢丝和黄铜丝。钢丝刷针强度高、耐用，清洁速度也快，但容易刮伤零件的工作面，而铜丝刷针的特点正相反。

（1）板形金属丝刷（如图 1-89 所示）。常用的板形金属丝刷有双面锉刀刷、钢丝刷两种。锉刀刷的刷针排列紧密，适宜用来消除锉刀上的金属屑，但不宜用来除锈或除污；钢丝刷的刷针粗而稀，适宜除锈、除污。

（2）轮式金属丝刷（如图 1-90 所示）。轮式金属丝刷又叫钢丝轮。市售的轮式金属丝刷夹板孔径为 20 mm，刷厚为 20 mm，轮径共有 7 种规格，范围为 125～400 mm。轮式金属丝刷可装在砂轮机上，也可以通过专用夹柄装在手电钻上。

（3）专用金属丝刷。如图 1-91 所示为各种专用金属丝刷。其中图（a）所示的金属丝刷可用来清除气门导管中的积炭，由于旋转时这种金属丝刷的直径会变化，所以一种刷能适合多种规格的气门导管。图（b）所示的金属丝刷适用于清洁排气孔或狭窄孔口处的积炭或锈污。图（c）所示的金属丝刷是通用型，适宜清洁零件的平面。图（d）所示的金属丝刷用于在曲径较小的表面上清除积炭或锈污。

（a）双面锉刀刷

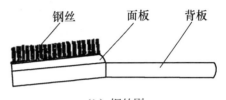

钢丝　面板　背板

（b）钢丝刷

图 1-89　板形金属丝刷

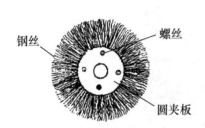

钢丝　螺丝　圆夹板

图 1-90　轮式金属丝刷

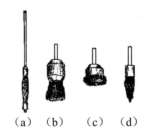

（a）（b）（c）（d）

图 1-91　各种专用金属丝刷

任务实施

1. 用气门拆装夹具拆卸气门组

（1）用气门拆装夹具的固定端顶住气门头，活动端顶住气门弹簧座，转动螺杆手柄，压缩气门弹簧至露出气门锁片，如图 1-92 所示。

图 1-92　压出气门锁片

（2）用尖嘴钳（或一字形起子）夹出气门锁片，如图1-93所示。

图1-93　夹出气门锁片

（3）转动螺杆手柄，放松气门弹簧后，移出气门拆装夹具即可拿出气门弹簧、弹簧座、气门及气门油封，如图1-94所示。注意油封可用鲤鱼钳夹住拔出来。

图1-94　拿出气门弹簧

（4）逐一拆卸气门后，注意按顺序将拆下的配件放好，如图1-95所示。排气门和进气门都要做好记号，锁片、气门弹簧、气门弹簧座要按缸放在一起，以免在装配时混装。

图1-95　将拆下的配件放好

2. 用气门拆装夹具安装气门组

（1）清洗气门导管及燃烧室，并用压缩空气吹干净。

（2）分别在气门杆、气门导管上涂一层润滑油。

（3）将气门按顺序插进气门导管内，安装气门弹簧座与新的气门油封。

（4）安装弹簧及气门弹簧座，用气门拆装夹具压缩气门弹簧至气门杆露出气门锁片槽。

（5）用尖嘴钳夹住气门锁片（沾些润滑脂）放入气门弹簧座中，可使锁片粘在气门杆上。

（6）放松气门拆装夹具，使气门锁片进入气门弹簧座的锥形内圈里。

（7）用方木垫起气缸盖，使气门头部有松动余地，用塑料锤或木锤轻轻敲气门杆端部，检查气门锁片是否装好（如敲几次后，锁片没有松出，即为装好）。

3. 用活塞环钳拆装活塞环

（1）将活塞环钳底部紧贴活塞的顶部，钳口对准活塞环开口，活塞环钳夹住活塞环如图1-96所示。

（2）用手轻轻压缩活塞环钳，当活塞环全部脱离活塞后，慢慢向上移动，直到活塞环离开活塞，如图1-97所示。

图1-96 活塞环钳夹住活塞环

图1-97 活塞环脱离活塞

（3）安装时，先将活塞环紧贴在活塞环钳上面，同时慢慢压缩活塞环钳，使活塞环固定在活塞环钳上，如图1-98所示。

（4）压缩活塞环钳，当活塞环张开到大于活塞时，缓慢平整地放入活塞环槽内，如图1-99所示。

图1-98 活塞环固定在活塞环钳上

图1-99 将活塞环放入活塞环槽内

💡 **素养与思政**

本任务要求分组训练，各小组必须按照规范的操作方式精确、快速地进行拆装，力求

做到精益求精，弘扬大国工匠精神。各小组在实训过程中必须团结一致、相互合作，操作过程中要注意安全，要求全程实现"7S"管理。

 技能训练

要求：

1. 用活塞环钳拆装活塞环。
2. 用气门拆装夹具拆装气门组零件。
3. 按照规范的工艺要求拆装，注意安全，全程要求"7S"管理。

任务 6 汽车电气检测仪表工具

💡 知识目标

1. 了解万用表的类型及功用。
2. 了解电阻表及电流钳的使用方法。
3. 了解清洁工具的种类和用途。

🏅 能力目标

1. 能用数字万用表测量电压和电阻。
2. 能用电阻表测量电阻。

✏️ 思政目标

1. 通过汽车电气检测仪表测量汽车电气元件规范的操作流程，培养学生精益求精的工匠精神。

2. 通过学生小组合作学习，培养学生爱岗敬业、团结互助的价值观。

🚌 任务引入

在汽车电气修理中，万用表是最常用、最普遍的工具，其不仅可以用来测量物体的电

阻、交流电压、直流电压，还可以测量晶体管的主要参数及电容器的电容量等。电阻测试表和电流钳主要用来测试纯电动汽车的电路。本任务主要介绍汽车电气检测仪表工具的结构及使用方法等。

相关知识

一、万用表的构造

万用表由表头、测量电路及转换开关 3 个主要部分组成。万用表是电子测试领域最基本的工具，也是一种使用广泛的测试仪器。万用表又叫多用表、三用表（A、V、Ω 即电流、电压、电阻）、复用表、万能表。万用表分为指针式万用表和数字万用表，还有一种带示波器功能的示波万用表，是一种多功能、多量程的测量仪表。一般万用表可测量直流电流、直流电压、交流电压、电阻和音频电平等，有的还可以测交流电流、电容量、电感量、温度及半导体（二极管、三极管）的一些参数。目前数字式仪表已取代模拟式仪表成为市场主流，与模拟式仪表相比，数字式仪表灵敏度高，精确度高，显示清晰，过载能力强，便于携带，使用也更方便简单。

二、万用表的工作原理

万用表的基本原理是利用一只灵敏的磁电式直流电流表（微安表）作表头，当微小电流通过表头时就会有电流指示，但表头不能通过大电流，所以必须在表头上并联或串联一些电阻进行分流或降压，从而测出电路中的电流、电压和电阻。

三、指针式万用表

指针式万用表（如图 1-100 所示）可用来测量交、直流电压和导体电阻等。汽车维修中常用万用表来测量电阻、电压、电压降等，以判断电路的通断和电气设备的技术状况。

1. 电阻的测量方法

表盘上有几种电量的刻线，测量时应弄清从哪一道刻线读数和如何处理读数。电阻的测量方法为：将开关转到电阻（Ω）挡的适当位置，电阻挡内有"×1""×10""×1000"等几个位置，表示被测电阻的实际值应等于刻线上的读数再乘以相应的倍数。将两触针的一端分别插入"+""−"插孔中，另一端直接接触短路，调节零电阻校正器，使指针恰好指到

零位，调节完毕即可测量电阻。测量发电机磁场线圈电阻如图 1-101 所示。

图 1-100　指针式万用表

2．直流电压的测量方法

将开关转到直流电压（V）挡的适当位置。注意触针的"＋""－"要和电路两端的正负一致，否则指针反摆，易使指针损坏。从"D-C"刻线上读数时，如果电压挡在"50"位置，那么该道刻线满量程是 50 V，每小格是 1 V。在测量电压前，如果表针不在零位，可转动表盘下面带有起子口的螺钉来调整指针归零。

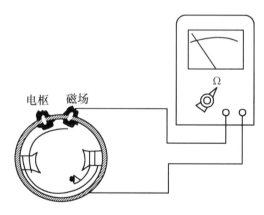

图 1-101　测量发电机磁场线圈电阻

3．交流电压的测量方法

交流电压的测量方法与直流电压基本相同，只需将选择开关转到交流电压（V）挡的适当位置。若被测电压 10 V 以上，则应从第三道刻线"A≈C"上读数；若被测电压在 10 V 以下，则应从第四道刻线"AC10V"上读数。

四、数字万用表

数字万用表是一种多用途电子测量仪器，一般包含安培计、电压表、欧姆计等功能，有时也称为万用计、多用计、多用电表或三用电表。数字万用表适用于基本故障诊断，可以是便携式装置，也有放置在工作台上的装置，有的分辨率可以达到七八位。

数字万用表（如图 1-102 所示）是一种新型的汽车电工、电子测量工具，在近年来迅速得到推广和普及，在许多情况下正在逐步取代模拟万用表。本书以 DY2201 型数字万用表为学习机型。

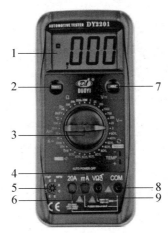

1—LCD 显示器；2—电源开关；3—功能/量程旋钮开关；4—mA 电流插孔；

5—三极管测试插座（COM）；6—20 A 电流插孔；7—数据保持开关；8—公共地线插孔；9—电压电阻等插孔

图 1-102　DY2201 型数字万用表

1．DY2201 型数字万用表技术指标

（1）直流电压（V—）。

量程	准确度	分辨力
2 V	±（0.5%＋3）	0.001 V
20 V		0.01 V
200 V		0.1 V
1 000 V	±（1.0%＋5）	1 V

输入阻抗：10 MΩ。过载保护：1 000 V 直流或交流有效值。

（2）交流电压（V∽）。

量程	准确度	分辨力
2 V	±（1.0%＋5）	0.001 V
20 V		0.01 V
200 V		0.1 V
700 V	±（1.2%＋5）	1 V

输入阻抗：10 MΩ。频率响应：40～400 Hz。测试点：60 Hz/50 Hz。过载保护：1 000 V
直流或交流有效值。显示：平均值（正弦波有效值）。

（3）直流电流（A—）。

量程	准确度	分辨力
20 mA	±（1.0%＋3）	0.01 mA
200 mA	±（1.5%＋5）	0.1 mA
20 A	±（2.0%＋10）	0.01 A

过载保护：0.2 A/250 V 保险丝（20 A 挡无保险丝）。最大输入电流：20 A（不超过 15 s）。
测量电压降：满量程电压降 200 mV。

（4）交流电流（A∼）。

量程	准确度	分辨力
20 mA	±（1.2%＋5）	0.01 mA
200 mA	±（2.0%＋5）	0.1 mA
20 A	±（3.0%＋10）	0.01 A

（5）电阻（Ω）。

量程	准确度	分辨力
200 Ω	±（1.0%＋5）	0.1 Ω
20 kΩ	±（1.0%＋2）	0.01 kΩ
200 kΩ		0.1 kΩ
20 MΩ	±（1.0%＋5）	0.01 MΩ

过载保护：250 V 直流或交流有效值。开路电压：小于 700 mV。

（6）占空比（DUTY）。

量程	准确度
0.1%～99.9%	±（1.5%＋5）

过载保护：250 V 直流或交流有效值。

（7）温度（℃）。

量程	准确度	分辨力
−40～0℃	±（5.0%＋5）	
0～400℃	±（1.0%＋3）	1℃
400～1 000℃	±（2.0%＋4）	

（8）晶体三极管 hFE 参数测试。

量程	说明	测试条件
hFE	可测 NPN 型或 PNP 型晶体三极管 hFE 参数，显示范围：0～1 000	Ib 约 10 μA，Vce 为 2.8 V

（9）二极管和通断测试。

量程	分辨力	说明	测试条件
▷⊢	1 mV	显示近似二极管正向导通压降	正向直流电流约 1 mA 反向电流电压约 2.8 V
(((●	—	被测线路电阻小于 70 Ω时机内蜂鸣器响	开路电压约 2.8 V

过载保护：250 V 直流或交流有效值。

（10）闭合角（DWELL）。

气缸数	量程	准确度	分辨力
3CYL	0～120.0°		
4CYL	0～90.0°		
5CYL	0～72.0°	±（1.2%＋2）	0.1°
6CYL	0～60.0°		
8CYL	0～45.0°		

过载保护：250 V 直流或交流有效值（10 s 内）。

（11）转速（r/min）。

气缸数	量程	准确度	分辨力
3CYL			
4CYL			
5CYL	500～10 000 r/min	±（1.2%＋2）	1×10 r/min
6CYL			
8CYL			

过载保护：250 V 直流或交流有效值（10 s 内）。

2．直流电压的测量

（1）将功能/量程开关置于直流电压挡（DCV 量程范围）。

（2）将黑表笔插入 COM 插孔，红表笔插入显露的表笔插孔（VΩ孔）。将表笔并联在被测负载或信号源上，仪表在显示电压读数的同时会指示出红表笔的极性。

🔆 **注意** ——————————————————————————————————————

① 在测量之前如果不知被测电压范围时，应将功能/量程开关置于最高量程挡。

② 当只显示最高位"1"时，说明被测电压已超过使用的量程，应改用更高量程测量。

③ 不能用万用表测量高于 1 000 V 的电压，虽然有可能显示读数，但会损坏万用表。

④ 测量高压时应特别注意安全。

3．交流电压的测量

（1）将功能/量程开关置于交流电压挡（ACV 量程范围）。

（2）将黑表笔插入 COM 插孔，红表笔插入显露的表笔插孔（VΩ插孔），并将表笔并联在被测负载或信号源上，仪表即可显示电压读数。

4．直流电流的测量

（1）将功能/量程开关置于直流电流挡（DCA 量程范围）。

（2）将黑表笔插入 COM 插孔，红表笔插入显露的表笔插孔（mA 插孔或 20 A 插孔）。将测试表笔串联至被测电路中，仪表显示电流读数的同时会指示出红表笔的极性。

5．电阻的测量

（1）将功能/量程开关置于所需 Ω 量程范围。

（2）将黑表笔插入 COM 插孔，红表笔插入显露的 VΩ 插孔，将测试表笔跨接在被测电阻两端。

🔆 **注意** ——————————————————————————————————————

① 当输入开路时，仪表处于测量状态，只显示最高位"1"。

② 当被测电阻在 1 MΩ 以上时，本表需数秒后才能稳定读数，对于高电阻测量这是正常的。

③ 检测在线电阻时，应关闭被测电路的电源，并使被测电路中的电容放完电后，才能进行测量。

五、钳形电流表

1．钳形电流表的构造

钳形电流表是由电流互感器和电流表组合而成，如图 1-103 所示。电流互感器的铁芯在捏紧扳手时可以张开，被测电流所通过的导线可以在不切断的状态下穿过铁芯张开的缺口，当放开扳手后铁芯闭合。通过这种夹钳，可以测量最高 660 A 的交流电流和最高 600 V 的交流电压，能够精确地测量均方根电压和电流频率，适合监测电源以进行检修和评估。

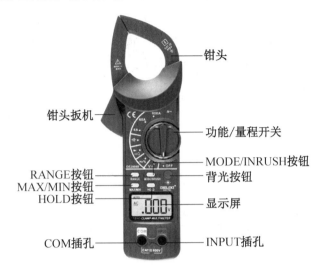

图 1-103　钳形电流表

2．钳形电流表的工作原理

穿过铁芯的被测电路导线成为电流互感器的一次线圈，其中通过电流便在二次线圈中感应出电流，从而使二次线圈相连接的电流表有指示，即测出被测线路的电流。钳形电流表可以通过转换开关的拨挡，改换不同的量程。但拨挡时不允许带电操作。钳形电流表一般准确度不高，通常为 2.5～5 级。为了使用方便，表内还有不同量程的转换开关提供测量不同等级电流和电压的功能。

3．钳形电流表的使用方法

用钳形电流表检测电流时，只能夹入一根被测导线（电线），夹入两根（平行线）则不能检测电流。另外，使用钳形电流表中心（铁芯）检测时，检测误差小。在检查家电产品的耗电量时，使用线路分离器比较方便，有的线路分离器可将检测电流放大 10 倍，因此 1 A 以下的电流可放大后再检测。用直流钳形电流表检测直流电流（DCA）时，如果电流的流向相反，则显示出负数，可使用该功能检测汽车的蓄电池是充电状态还是放电状态。

4．漏电检测

漏电检测与通常的电流检测不同，两根（单相 2 线式）或三根（单相 3 线式，三相 3 线式）要全部夹住，也可夹住接地线进行检测。在低压电路上检测漏电电流的绝缘管理方法，已成为首要的判断手段。自其被确认（1997 年电气设备技术标准的修正）以来，在不能停电的楼宇和工厂，便逐渐采用漏电电流钳表来检测。

5．使用注意事项

（1）进行电流测量时，被测载流体的位置应放在钳口中央，以免产生误差。

（2）测量前应估计被测电流的大小，选择合适的量程。在不知道电流大小时，应选择最大量程，再根据指针指向情况适当减小量程，但不能在测量时转换量程。

（3）为了使读数准确，应保持钳口干净无损，如有污垢时，应用汽油擦洗干净再进行测量。

（4）在测量 5 A 以下的电流时，为了测量准确，应该绕圈测量。

（5）钳形电流表不能测量裸导线电流，以防触电和短路。

（6）测量后一定要将量程分挡旋钮放到最大量程位置上。

六、绝缘电阻表

1. 绝缘电阻表的构造

绝缘电阻表俗称兆欧表，或称摇表、高阻计、绝缘电阻测试仪等。绝缘电阻表是大量使用于电力网站和用电设备绝缘电阻的检测仪表，电器产品的绝缘性可通过绝缘电阻反映出来。

绝缘电阻表主要由三部分组成：一是直流高压发生器，用以产生直流高压；二是测量回路；三是显示结构。绝缘电阻表结构如图 1-104 所示。

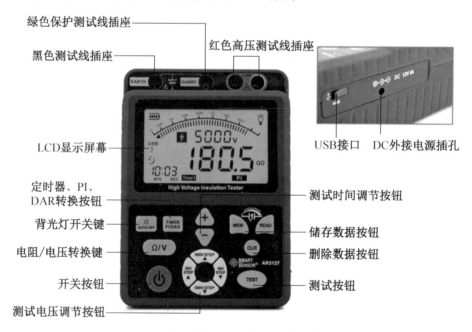

图 1-104　绝缘电阻表结构

2. 电池检查及更换

仪表在接通电源工作时，显示屏若显示"欠压符号"，表示电池电量不足，应更换新电池，否则仪表无法正常工作。

3．测试

将仪表 E 端接试品的接地端（或一端），L 端接试品的线路端（或另一端）。打开电源开关，将挡位开关置于所需的额定电压位，显示屏首位显示"1"，表示工作电源接通。按一下测试开关按钮，高压指示灯点亮，显示屏上显示的数值就是被测试品的绝缘电阻值。当试品的绝缘电阻值超过仪表量程的上限值时，显示屏首位显示"1"，后三位熄灭。

💡 **注意**

测量时，由于试品有吸收、极化过程，绝缘值读数逐渐向大数值漂移或有一些上下跳动，系正常现象。

4．G 端（保护环）的使用

测量高绝缘电阻值时，应在试品两测量端之间的表面套上导体保护环，并将该导体保护环用一根测试线连接到仪表的 G 端，以消除试品表面泄漏电流引起的测量误差，保障测试准确。

5．关机

读数完毕后，按下测试开关关闭高压，高压指示灯熄灭后关闭电源。对电容性试品还应将试品上的剩余电荷放完后再拆下测试线，以免电击伤人。

6．保管

（1）仪表长期不用时，必须将电池全部取出，以免锈蚀仪表。应经常保持外表面清洁，必要时可用干净的布进行擦拭。

（2）仪表不得受潮、雨淋、暴晒、跌落等。

7．使用注意事项

（1）确认被测试品安全接地，试品不带电。

（2）确认仪表 E 端（接地端）已接地。

（3）按下测试开关按钮后，仪表 E、L 端有高电压输出，需注意安全！

（4）测试完毕，应及时关闭高压和工作电源。

七、试灯

试灯由一个夹子、一根电线、一支试电笔（灯泡）组成，如图 1-105 所示。

试灯结构简单，携带方便，经常应用于汽车电子点火器的故障检测，也可以代替万用表测量线路是否短路、断路。

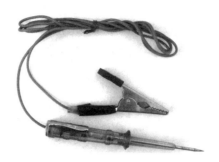

图 1-105 试灯

由于配用的点火信号发生器形式不同，电子点火器所采用的元器件结构形式和电路（如分立元件、集成电路、晶闸管等）也有所不同。即使是同一种类型的点火器，其生产厂家、电路结构及参数也可能不同，很难用一种简单而统一的方法对其进行检查与测量。所以，对电子点火器的检查应根据其工作原理、电路特点、功能、配用的信号发生器形式，以及在车上的具体连接和工作情况，选用适当的方法进行故障检查和判断。电子点火器的基本电路如图 1-106 所示，其内部主要是一个晶体管开关电路。由磁电线圈、霍尔传感器或者电脑 ECU 的 IGT 信号去触发其导通或截止，从而控制点火线圈初级电流的通断，实现高压点火。

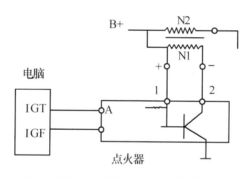

图 1-106 电子点火器的基本电路

检测电子点火器是否存在故障时，可将试灯接于点火线圈的"—"端和点火器之间，如图 1-107（a）所示，拔下点火器与电脑的连接线端，用 1～2 节干电池去触发点火器"A"端，试灯将闪亮。如果试灯不闪亮，应调换极性或重新检查接线端子是否有误。调整后如果试灯仍然不亮或长亮不闪，说明电子点火器有故障，应予以更换。也可用 2 个 3～5 W 的汽车仪表灯泡分别与电子点火器的"1"端和"2"端串联后再接至蓄电池正极（接试灯之前，应先调至 KEY-OFF，拔下点火器与电脑的连接线端），如图 1-107（b）所示，这样可使灯泡②代替点火线圈，作为点火器内部功率晶体管的负载（注意：如果没有这个负载，"2"端直接接电源正极，会使功率晶体管在导通时烧毁），另一个灯泡①作为点火器内部电路的电流指示。由于内部电路的电流小，在该灯泡上的压降小，因此只会使灯泡灯丝微红，但不影响其前置放大功能。然后，用 1～2 节干电池去触发点火器"A"端，将使灯泡②闪亮。如果灯泡②不闪亮，应调换干电池的极性或重新检查接线端子是否有误。如果调整后灯泡②仍然不亮或长亮不闪，说明电子点火器有故障，应予以更换。这里用了 2 个 3～5 W 的灯泡做了保护与指示，正常闪亮发光的是"2"端，晶体管集电极，电流大；微红的是灯泡①，内部前置电路，电流小。由于串联 2 个灯泡，因此不会烧毁电子点火器，十分安全、快捷。也可以按如图 1-106 所示的电路将点火线圈与点火器的导线连接器插接好，用电压表或示波器检查发动机 ECU 端子间的电压，其电压值应符合表 1-7 所示的内容。如不符，则需更换电子点火器或 ECU。

试灯检测实例：一辆皇冠 3.0 轿车，装用 2JZ-GE 发动机，行驶中突然熄火，再次起动时无发动征候，经检查排除了油路故障，初步诊断为点火系故障。检查点火线圈及连线均正常，用上述方法检查电子点火器，如图 1-107（b）所示，结果试灯不闪亮，调换干电池的极性后试灯仍不闪亮，说明电子点火器有故障，更换新的电子点火器后故障排除。

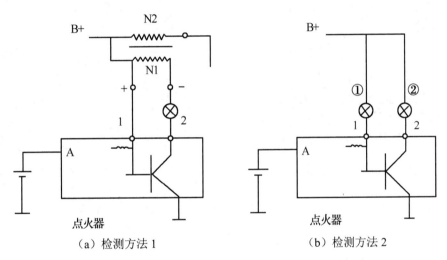

（a）检测方法 1　　　　　　　（b）检测方法 2

图 1-107　微机控制的电子点火器的试灯检测

表 1-7　点火器上各端子间电压

端子	标准电压	条件
B+～接地	9～12 V	点火开关 ON
IGT～接地	脉冲发生	起动或怠速
IGF～接地	脉冲发生	起动或怠速

任务实施

1．起动机电磁开关检测

（1）准备工具（数字万用表、被测零件等），将表笔插入相应的插孔中。

（2）打开万用表开关。

汽车维修基本技能 一体化教材

（3）检查万用表。将万用表的功能开关置于蜂鸣挡，"短"接两表笔，此时万用表应发出蜂鸣声，否则万用表就不能使用。

（4）将功能开关置于所需量程范围（Ω×20）。

（5）测量发电机电磁开关的吸引线圈电阻。一表笔接触开关接线柱，另一表笔接触直流电机接线柱，如图 1-108 所示。标准吸引线圈的电阻值为 0.5～0.8 Ω，若电阻值小于标准值或无穷大，说明吸引线圈有短路或断路故障，需要更换。

（6）测量保持线圈电阻。一表笔接触开关接线柱，另一表笔搭铁，如图 1-109 所示。标准保持线圈的电阻值为 1.3～1.5 Ω，若电阻值小于标准值或无穷大，说明保持线圈有短路或断路故障，需要更换。

图 1-108 测量吸引线圈电阻

图 1-109 测量保持线圈电阻

（7）测量电磁开关的接触情况。将万用表的功能开关置于蜂鸣挡，两表笔分别连接到电磁开关的接线柱上，同时用力压下铁芯，如图 1-110 所示。

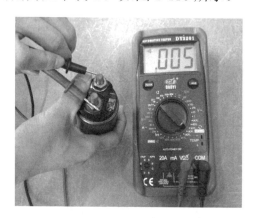
图 1-110 测量电磁开关的接触情况

2. 测量蓄电池电压

将万用表的功能开关置于电压挡（V×20），两表笔分别连接蓄电池的正、负极，查看读数，然后再将正、负极反接测量并查看读数，如图 1-111 所示。

70

图 1-111　测量蓄电池电压

☀ **素养与思政**

本任务要求分组训练，各小组必须按照规范的操作方式精确、快速地进行测量，力求做到精益求精，弘扬大国工匠精神。各小组在实训过程中必须团结一致、相互合作，操作过程中要注意安全，要求全程实现"7S"管理。

⊞⊟ **技能训练**
⊠⊘

要求：

1．用万用表测量电阻及电压。

2．用绝缘电阻表测试工作场地的绝缘情况。

3．按照规范的操作方式进行测量，注意安全，全程要求"7S"管理。

项目二

量　具

项目描述

量具是实物量具的简称，它是一种在使用时具有固定形态，用于复现或提供给定量的一个或多个已知量值的器具。汽车维修测量用的量具主要有精度较低的直尺、卡尺，精度较高的千分尺、百分尺等，还有一些专用量具，它们是判断汽车零部件使用一段时间后是否还能继续使用的测量工具。本项目主要介绍汽车维修时常用量具的功用、工作原理及使用方法等。

钢直尺、卡钳、塞尺及刀口尺

💡 知识目标

1. 了解卡钳、塞尺的类型及功用。
2. 掌握钢直尺、塞尺、卡钳及刀口尺的使用方法。

🔧 能力目标

1. 能用塞尺测量气门间隙。
2. 能用刀口尺和塞尺测量发动机气缸盖的平面度。

✏️ 思政目标

1. 通过测量仪器规范的操作流程，培养学生精益求精的工匠精神。
2. 通过学生小组合作学习，培养学生爱岗敬业、团结互助的价值观。

 任务引入

　　钢直尺、卡钳、塞尺及刀口尺是汽车维修中常用的量具，也是最基本、较简单的量具。本任务主要针对初学者讲解量具在汽车维修中正确的使用方法，使初学者尽快掌握汽车维修的基本知识及技能。

🔬 相关知识

💬 一、钢直尺

　　钢直尺是最简单的长度量具，它的长度有 150 mm、300 mm、500 mm 和 1 000 mm 4 种规格。如图 2-1 所示为常用的 150 mm 钢直尺。

　　钢直尺的使用方法如图 2-2 所示。钢直尺用于测量零件的长度尺寸时，其测量结果不太准确，这是由于钢直尺的刻线间距为 1 mm，而刻线本身的宽度就有 0.1～0.2 mm，所以测量时读数误差比较大，只能读出毫米数，即它的最小读数值为 1 mm，比 1 mm 小的数值

只能估计而得。

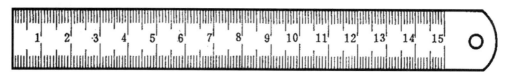

图 2-1　常用的 150 mm 钢直尺

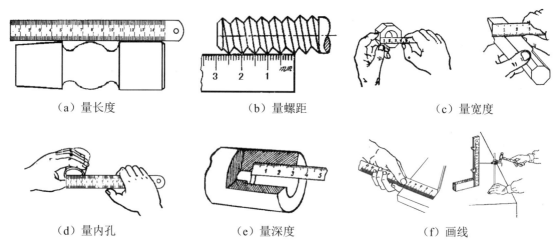

（a）量长度　　　　（b）量螺距　　　　（c）量宽度

（d）量内孔　　　　（e）量深度　　　　（f）画线

图 2-2　钢直尺的使用方法

如果用钢直尺直接去测量零件的直径尺寸（轴径或孔径），则测量精度更低。原因为钢直尺本身的读数误差比较大，且钢直尺无法准确放在零件直径的正确位置。所以，在测量零件直径尺寸时也可以将钢直尺和内外卡钳配合使用进行测量。

 卡钳

卡钳是最简单的比较量具，有内卡钳和外卡钳之分。外卡钳是用来测量外径和平面的，内卡钳是用来测量内径和凹槽的。如图 2-3 所示为常见的内、外卡钳。

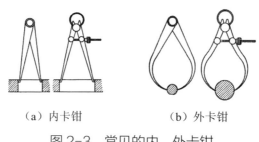

（a）内卡钳　　　　（b）外卡钳

图 2-3　常见的内、外卡钳

1. 卡钳开度的调节

首先检查钳口的形状，钳口形状对测量精确度影响很大，因此应注意经常修整钳口的形状，如图 2-4 所示为卡钳钳口形状对比。

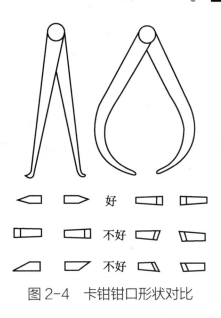

图2-4　卡钳钳口形状对比

好

不好

不好

卡钳开度的调节如图 2-5 所示，调节卡钳的开度时，应轻轻敲击卡钳脚的两侧面。先用双手把卡钳调整到和工件尺寸相近的开口，然后轻敲卡钳的外侧来减小卡钳的开口，如图 2-5（a）所示，敲击卡钳的内侧来增大卡钳的开口，如图 2-5（b）所示。但不能直接敲击钳口，如图 2-5（c）所示，否则卡钳的钳口将损伤测量面进而引起测量误差。更不能在机床的导轨上敲击卡钳，如图 2-5（d）所示。

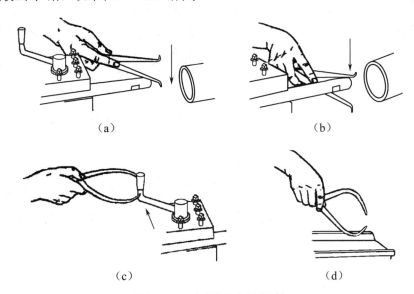

（a）　　　　　　　（b）

（c）　　　　　　　（d）

图2-5　卡钳开度的调节

2．外卡钳的使用

利用外卡钳在钢直尺上量取尺寸及其测量方法如图 2-6 所示，量取尺寸时，一个钳脚的测量面靠在钢直尺的端面上，另一个钳脚的测量面对准所需尺寸刻线的中间，且两个测量面的连线应与钢直尺平行，人的视线要垂直于钢直尺，如图 2-6（a）所示。

汽车维修基本技能 一体化教材

用外卡钳测量外径，就是比较外卡钳与零件外圆接触的松紧程度，如图2-6（b）所示，以卡钳的自重能刚好滑下为宜。当卡钳滑过外圆时，如果手没有感觉到卡钳触碰了被测物，就说明外卡钳比零件的外径尺寸大；如果仅靠外卡钳的自重不能滑过零件外圆，就说明外卡钳比零件的外径尺寸小。操作卡钳时不可歪斜，否则会产生误差，如图2-6（c）所示。由于卡钳有弹性，不能将外卡钳用力压过外圆，更不能把卡钳横着卡上去，如图2-6（d）所示。对于大尺寸的外卡钳，靠其自重滑过零件外圆的测量压力太大，此时应托住卡钳进行测量，如图2-6（e）所示。对于小尺寸的零件，也可以用卡钳跨过零件，然后用外力将卡钳滑过外圆进行测量，如图2-6（f）所示。

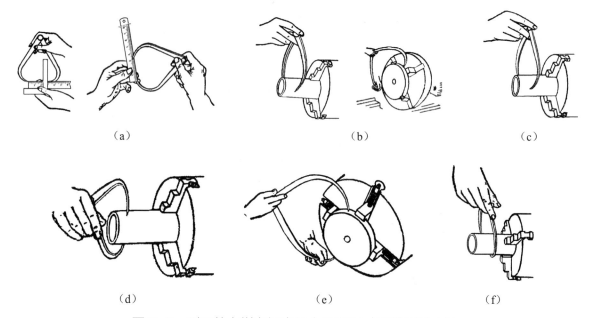

（a）　　　　　　　　　　　（b）　　　　　　　　　　　（c）

（d）　　　　　　　　　　　（e）　　　　　　　　　　　（f）

图2-6　利用外卡钳在钢直尺上量取尺寸及其测量方法

3. 内卡钳的使用

用内卡钳测量内径时，应将钳脚的测量面放在孔壁上作为支点，如图2-7（a）所示，上面的钳脚由孔口略往里面一些逐渐向外试探，并沿孔壁圆周方向摆动，当沿孔壁圆周方向能摆动的距离最小时，则表示内卡钳脚的两个测量面已处于内孔直径的两端点，如图2-7（b）所示。

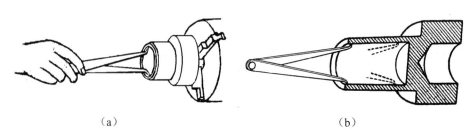

（a）　　　　　　　　　　　　　　（b）

图2-7　内卡钳测量方法

卡钳测量内径的正确使用方法如图 2-8（a）所示，即比较内卡钳在零件孔内的松紧程度。测量时不要用手抓住卡钳测量，如图 2-8（b）所示，这样就难以比较内卡钳在零件孔内的松紧程度，且容易使卡钳变形产生测量误差。测量完成后，用手抓住卡钳的顶端，然后在直尺和游标卡尺上比较，以便读出测量尺寸，读取卡钳尺寸如图 2-9 所示。

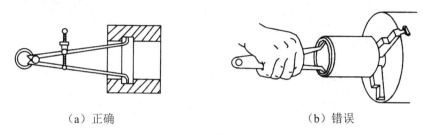

（a）正确　　　　　　　　　　　　　　　（b）错误

图 2-8　卡钳的使用方法

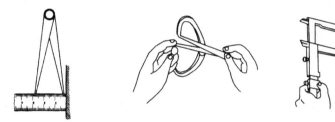

图 2-9　读取卡钳尺寸

4．卡钳的适用范围

卡钳是一种简单的量具，它具有结构简单、制造方便、价格低廉、维护和使用方便等特点，被广泛应用于要求不高的零件尺寸测量和检验，尤其在测量和检验锻铸件的毛坯尺寸时，卡钳是最合适的测量工具。

三、塞尺

塞尺又称厚薄规或间隙片（如图 2-10 所示）。主要用来检验机床的特别紧固面与紧固面、活塞与气缸、活塞环槽与活塞环、十字头滑板与导板、进排气阀顶端与摇臂、齿轮啮合间隙等两个结合面之间的间隙大小。塞尺由许多层厚薄不一的薄钢片组成，按照塞尺的组别制成一把一把的塞尺，每把塞尺中的每片薄钢片具有两个平行的测量平面，且都有厚度标记。

测量气门间隙（如图 2-11 所示）时，根据结合面间隙的大小，用一片或数片塞尺重叠在一起塞进间隙内。例如，用 0.03 mm 的一片薄钢片能插入间隙，而 0.04 mm 的一片薄钢片则不能插入间隙，这说明间隙在 0.03～0.04 mm 之间，由此可以得知塞尺也是一种界限量规。塞尺的规格见表 2-1。

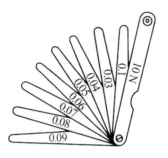

图 2-10　塞尺　　　　　　　图 2-11　测量气门间隙

表 2-1　塞尺的规格

型　　号	范围	长度	片数	组合内容
80M	0.03～3.0 mm	80 mm	13 片	.03.04.05.06.07.08.10.15.20.25.30 1.0 2.0 3.0 mm
100MX	0.03～3.0 mm	100 mm	13 片	.03.04.05.06.07.08.10.15.20.25.30 1.0 2.0 3.0 mm
150MX	0.03～3.0 mm	150 mm	13 片	.03.04.05.06.07.08.10.15.20.25.30 1.0 2.0 3.0 mm

使用塞尺时必须注意下列几点。

（1）根据结合面的间隙情况选用塞尺片数，片数越少越好。

（2）测量时不能用力太大，以免塞尺被弯曲或折断。

（3）不能用塞尺测量温度较高的工件。

（4）使用塞尺时不能在结合面前后拉动，以免塞尺被弯曲或折断。

四、刀口尺

刀口尺（如图 2-12 所示）是一种平面精度很高的测量仪器，主要用来检测平尺、平板、机床工作台、导轨和精密工件的平面度和直线度。在汽车修理时常用刀口尺来测量气缸盖和气缸体的平面度。

图 2-12　刀口尺

（1）刀口尺的材质。按制作材质不同分为镁铝合金和钢件两种，其中镁铝合金刀口尺质量轻，使用方便，不易变形，不会生锈，易于保管。

（2）刀口尺的用途。刀口尺主要用于以光隙法进行直线度测量和平面度测量，也可与量块一起，用于检验平面精度。它具有结构简单，操作方便，测量效率高等优点。

（3）刀口尺的精度一般都比较高，直线度误差控制在 1 μm 左右。

（4）检验工件平面度的方法。

① 将刀口尺垂直紧靠在工件表面，并在纵向、横向和对角线方向上逐次检查（如图2-13所示）。

② 检验时，若刀口尺与工件平面之间能够透过微弱而均匀的光，则该工件平面度合格；若进光强弱不一，则说明该工件平面凹凸不平。可在刀口尺与工件紧靠处插入塞尺（如图2-14所示），根据塞尺的厚度即可确定平面度的误差。

③ 用塞尺检测时，测量点应该在工件平面较大的位置，每个方向测量5个点。

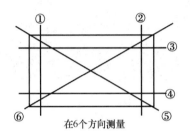

在6个方向测量

图2-13　用刀口尺检验工件平面度

图2-14　用塞尺测量平面度误差值

任务实施

1．利用刀口尺和塞尺测量发动机气缸盖的平面度

（1）将被测零部件和工具清洁干净。

（2）将刀口尺垂直放置在气缸盖上，用塞尺测量各测量点，如图2-15所示。若薄的塞尺通过此点，则需更换厚一些的塞尺，直到不能通过为止，此时这个不能通过的塞尺厚度即为气缸盖的间隙。例如，0.05 mm的塞尺能通过，0.06 mm的塞尺不能通过，则此处的间隙为0.06 mm。

图2-15　用刀口尺和塞尺测量气缸平面度

2．用塞尺测量发动机的气门间隙

（1）有摇臂的气门间隙测量方法：用手将摇臂向上拉起，将塞尺自左至右（或自右至左）轻轻划过，当感觉到塞尺有轻微的阻力时，此时所测得的间隙值即为气门间隙，如图2-16所示。

（2）驱轮轴直接驱动气门的气门间隙测量方法：将塞尺自左至右（或自右至左）轻轻划过，当感觉到塞尺有轻微的阻力时，此时所测得的间隙值即为气门间隙，如图2-17所示。

测量气门间隙

图2-16 测量有摇臂的气门间隙　　　图2-17 测量凸轮轴直接驱动气门的气门间隙

 **素养与思政**

本任务要求分组训练，各小组必须按照规范的操作方式精确、快速地进行拆装，力求做到精益求精，弘扬大国工匠精神。各小组在实训过程中必须团结一致、相互合作，操作过程中要注意安全，要求全程实现"7S"管理。

 技能训练

要求：

1. 用塞尺测量气门间隙。

2. 用塞尺测量气缸盖平面度。

3. 按照规范的操作流程进行测量，注意安全，全程要求"7S"管理。

任务 2　游标读数量具

💡 **知识目标**

1. 了解游标卡尺、高度尺、深度尺的类型及功用。

2. 掌握游标卡尺的读数原理及使用方法。

能力目标

1. 能用游标卡尺测量曲轴、凸轮轴等汽车零部件的外径。
2. 能用游标卡尺测量气缸套的内径。
3. 能用高度尺测量零部件的高度。

思政目标

1. 通过测量仪器规范的操作流程，培养学生精益求精的工匠精神。
2. 通过学生小组合作学习，培养学生爱岗敬业、团结互助的价值观。

任务引入

应用游标读数原理制成的量具有游标卡尺、高度游标卡尺、深度游标卡尺、游标量角尺（如万能量角尺）和齿厚游标卡尺等，用于测量零件的外径、内径、长度、宽度、厚度、高度、深度、角度及齿轮的齿厚等，应用范围非常广泛。

相关知识

一、游标卡尺的分类

游标卡尺是一种常用的量具，具有结构简单、使用方便、精度中等和测量的尺寸范围大等特点，可以用它来测量零件的外径、内径、长度、宽度、厚度、深度和孔距等，应用范围十分广泛。

1. 游标卡尺的结构形式

（1）测量范围为 0～125 mm 的游标卡尺，制成带有刀口形的上下量爪和带有深度尺的形式，如图 2-18 所示。

（2）测量范围为 0～200 mm 和 0～300 mm 的游标卡尺，可制成带有内外测量面的下量爪和带有刀口形的上量爪的形式，如图 2-19 所示。

（3）测量范围为 0～200 mm 和 0～300 mm 的游标卡尺，也可制成只带有内外测量面的下量爪的形式，如图 2-20 所示。而测量范围大于 300 mm 的游标卡尺，只能制成仅带有下量爪的形式。

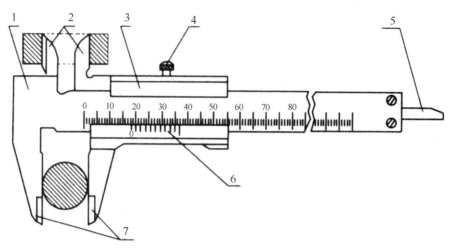

1—尺身；2—上量爪；3—尺框；4—紧固螺钉；5—深度尺；6—游标；7—下量爪

图 2-18　游标卡尺的结构形式一

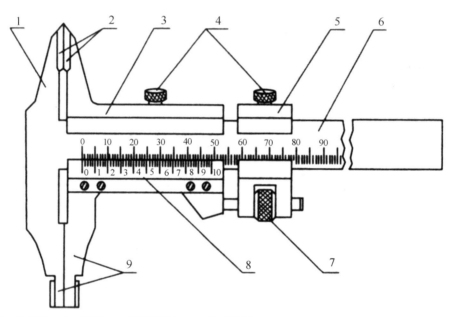

1—尺身；2—上量爪；3—尺框；4—紧固螺钉；5—微动装置；6—主尺；7—微动螺母；8—游标；9—下量爪

图 2-19　游标卡尺的结构形式二

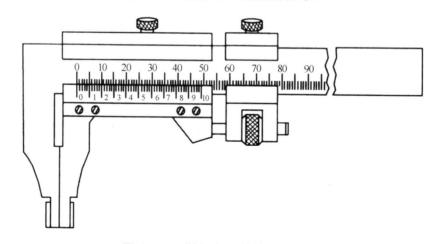

图 2-20　游标卡尺的结构形式三

2．带表卡尺

带表卡尺（如图 2-21 所示）以精密齿条、齿轮的齿距作为已知长度，以带有相应分度的指示表作为放大、细分和指示部分的大型手携式长度测量工具。带表卡尺能解决游标卡尺的读数误差问题。由于表上的读数是通过齿轮传动得到的，在使用时要慢慢拉动尺框以免产生人为测量的误差。常见的最小读数值有 0.01 mm 和 0.02 mm 两种。

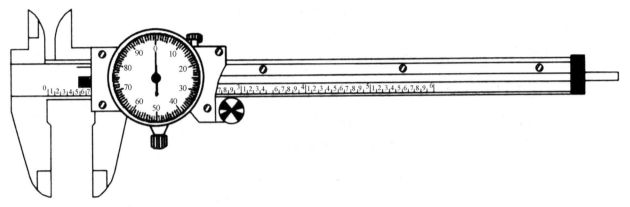

图 2-21   带表卡尺

带表卡尺规格见表 2-2。

表 2-2   带表卡尺规格

单位：mm

测量范围	指示表最小读数值	指示表示值误差范围
0～150	0.01	±0.01
0～200	0.02	±0.02
0～300	0.05	±0.05

3．电子数显卡尺

电子数显卡尺（如图 2-22 所示）是利用电子测量和数字显示原理，对两测量面相对移动分隔的距离进行读数的测量器具。采用容栅、磁栅等测量系统，以数字显示测量示值的长度。常用的分辨率为 0.01 mm，允许误差为±0.03 mm/150 mm；也有分辨率为 0.005 mm 的高精度数显卡尺，允许误差为±0.015 mm/150 mm；还有分辨率为 0.001 mm 的多用途数显千分卡尺，允许误差为±0.005 mm/50 mm。电子数显卡尺读数直观、清晰，测量效率较高。

图 2-22   电子数显卡尺

电子数显卡尺规格见表 2-3。

表 2-3　电子数显卡尺规格

名称	数显游标卡尺	数显高度尺	数显深度尺
测量范围（mm）	0～150；0～200；0～300；0～500	0～300；0～500	0～200
分辨率（mm）	0.01		
测量精度（mm）	（0～200）0.03；（200～300）0.04；（300～500）0.05		
测量移动速度（m/s）	1.5		
使用温度（℃）	0～40		

4．游标卡尺的组成

（1）具有固定量爪的尺身，如图 2-18 中的 1。

（2）具有活动量爪的尺框，如图 2-18 中的 3。

（3）在 0～125 mm 的游标卡尺上，还带有测量深度的深度尺，如图 2-18 中的 5。

（4）测量范围大于等于 200 mm 的游标卡尺，带有可随尺框进行调整的微动装置，如图 2-19 中的 5。

三、游标卡尺的读数原理和读数方法

　　游标卡尺的读数机构，是由主尺和游标（如图 2-19 中的 6 和 8）两部分组成的。当活动量爪与固定量爪贴合时，游标上的"0"刻线（简称游标零线）对准主尺上的"0"刻线，此时量爪间的距离为"0"，如图 2-19 所示。当尺框向右移动到某一位置时，固定量爪与活动量爪之间的距离，就是零件的测量尺寸，如图 2-18 所示。此时零件尺寸的整数部分，可在游标零线左边的主尺刻线上读出来，而比 1 mm 小的小数部分，可借助游标读数机构来读出。下面介绍三种游标卡尺的读数原理和读数方法。

　　在游标卡尺上读数时，首先要看游标零线的左边，读出主尺上尺寸的整数是多少毫米；其次是找出游标上第几根刻线与主尺刻线对齐，该游标刻线的次序数乘以其游标读数值，读出尺寸的小数。整数和小数相加的总值就是被测零件尺寸的数值。

1．游标读数值为 0.1 mm 的游标卡尺

　　如图 2-23（a）所示，主尺刻线间距（每格）为 1 mm，当游标零线与主尺零线对齐（两爪合并）时，游标上的第 10 刻线正好与主尺上的 9 mm 刻线对齐，而游标上的其他刻线不会与主尺上的任何一条刻线对齐。

游标每格间距=9/10=0.9（mm）

主尺每格间距与游标每格间距相差=1-0.9=0.1（mm）

　　因此，0.1 mm 即为此游标卡尺上游标所读出的最小数值，不能读出比 0.1 mm 小的数值。

当游标向右移动 0.1 mm 时，游标零线后的第 1 根刻线与主尺刻线对齐；当游标向右移动 0.2 mm 时，游标零线后的第 2 根刻线与主尺刻线对齐，依此类推。若游标向右移动 0.5 mm，如图 2-23（b）所示，则游标上的第 5 根刻线与主尺刻线对齐。由此可知，游标向右移动不足 1 mm 的距离，虽不能直接从主尺读出，但可以在游标的某一根刻线与主尺刻线对齐时，以该游标刻线的次序数乘以其读数值而读出其小数值。例如，图 2-23（b）的尺寸为：5×0.1=0.5（mm）。

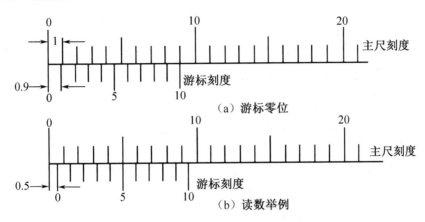

图 2-23　最小读数为 0.01 mm 的游标读数原理

2．游标读数值为 0.05 mm 的游标卡尺

如图 2-24（a）所示，主尺每小格为 1 mm，当两爪合并时，游标上的 20 格刚好等于主尺的 39 mm，则

$$游标每格间距=39/20=1.95（mm）$$
$$主尺 2 格间距与游标 1 格间距相差=2-1.95=0.05（mm）$$

因此，0.05 mm 即为此种游标卡尺的最小读数值。同理，实际操作中也有将游标上的 20 格等于主尺上 19 mm 的做法，其读数原理不变。

如图 2-24（b）所示，游标零线在 32 mm 与 33 mm 之间，游标上的第 11 格刻线与主尺刻线对齐。所以，被测尺寸的整数部分为 32 mm，小数部分为 11×0.05=0.55（mm），被测尺寸为 32+0.55=32.55（mm）。

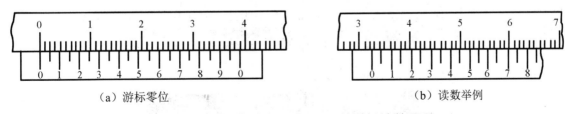

（a）游标零位　　　　　　　　　　　　　　（b）读数举例

图 2-24　最小读数为 0.05 mm 的游标读数原理

3．游标读数值为 0.02 mm 的游标卡尺

如图 2-25（a）所示，主尺每小格为 1 mm，当两爪合并时，游标上的 50 格刚好等于主尺上的 49 mm，则

游标每格间距=49/50=0.98（mm）

主尺每格间距与游标每格间距相差=1-0.98=0.02（mm）

因此，0.02 mm 即为此种游标卡尺的最小读数值。

如图 2-25（b）所示，游标零线在 123 mm 与 124 mm 之间，游标上的第 11 格刻线与主尺刻线对齐。所以，被测尺寸的整数部分为 123 mm，小数部分为 11×0.02=0.22（mm），被测尺寸为 123+0.22=123.22（mm）。

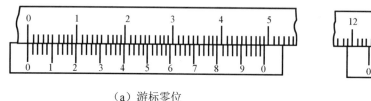 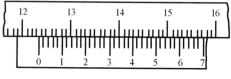

（a）游标零位　　　　　　　　　　　　　（b）读数举例

图 2-25　最小读数为 0.02 mm 的游标读数原理

游标读数值为 0.01 mm 的游标卡尺的读数方法与 0.02 mm 的游标卡尺相似，也是先读出主尺上的毫米整数，再从游标上读得小数。但因游标上刻线较多，要看准游标上哪一格线与尺身上的格线对齐。

游标卡尺的读数步骤可以分为三步，如图 2-26 所示。

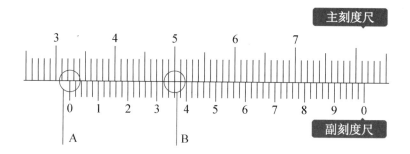

主刻度尺

副刻度尺

① 在主尺上读出副尺零线以左的刻度，该值就是最后读数的整数部分
即：主刻度尺为32～33 mm

A位置的主刻度= 32 mm

② 副尺上有一条线与主尺上的刻线正对齐，在副尺上读出该刻线距"0"刻线的格数，将其与刻度间距0.02 mm相乘，就得到最后读数的小数部分

B位置的副刻度= 0.36 mm

③ 将所得到的整数和小数部分相加，就得到总尺寸

32+0.36= 32.36 mm

图 2-26　游标卡尺的读数步骤

把游标的刻线次序数乘其读数值所得的数值直接标记在游标上，这样读数时就可以直接从游标尺上读出尺寸的小数部分，而无需通过上述的换算。

三、游标卡尺的测量精度

测量或检验零件尺寸时，要根据零件尺寸的精度要求选用相适应的量具。游标卡尺是一种中等精度的量具，它只适用于中等精度尺寸的测量和检验。用游标卡尺去测量锻铸件毛坯或精度要求很高的尺寸，都是不合理的。前者容易损坏量具，后者达不到要求的测量精度，这是因为量具都有一定的示值误差，游标卡尺的示值误差见表2-4。

表2-4　游标卡尺的示值误差

单位：mm

游标读数值	示值总误差
0.02	±0.02
0.05	±0.05
0.10	±0.10

四、游标卡尺的使用方法

使用游标卡尺测量零件尺寸时，必须注意以下几点。

（1）测量前应把卡尺清洁干净，检查卡尺的两个测量面和测量刃口是否平直无损，两个量爪紧密贴合时，应无明显的间隙，同时游标和主尺的零位刻线要相互对齐。

（2）移动尺框时，活动要自如，不应过松或过紧，更不能有晃动现象。用固定螺钉固定尺框时，卡尺的读数不应有改变。移动尺框时，不要忘记松开固定螺钉，但也不宜过松，以免脱落。

（3）测量零件的外尺寸时，卡尺两测量面的连线应垂直于被测量表面，不能歪斜。测量时，可以轻轻摇动卡尺，放正垂直位置，如图2-27所示。如卡尺带有微动装置，此时可拧紧微动装置上的固定螺钉，再转动调节螺母，使量爪接触零件并读取尺寸。绝不可以把卡尺的两个量爪调节到接近甚至小于所测尺寸，把卡尺强制卡到零件上去，这样会使量爪变形，或使测量面过早磨损，使卡尺失去应有的精度。

测量沟槽宽度时，也要放正游标卡尺的位置，应使卡尺两测量刃口的连线垂直于沟槽，不能歪斜。量爪若在如图2-28所示的错误位置上，会使测量结果不准确（可能大也可能小）。

（4）测量零件内尺寸的操作方法如图2-29所示。要使量爪分开的距离小于所测零件内尺寸，进入零件内孔后，再慢慢张开并轻轻接触零件内表面，用固定螺钉固定尺框后，轻轻取出卡尺读数。取出量爪时，用力要均匀，并使卡尺沿着孔的中心线方向滑出，不可歪斜，以免使量爪扭伤、变形和受到不必要的磨损，同时歪斜也会使尺框走动，影响测量精度。

图 2-27　测量外尺寸时正确与错误的位置

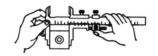

图 2-28　测量沟糟宽度时正确与错误的位置

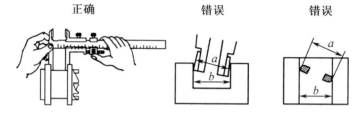

图 2-29　测量零件内尺寸的操作方法

卡尺两测量刃口应在孔的直径上，不能偏斜。如图 2-30 所示为游标卡尺在测量内孔时的正确和错误位置，分为带有刃口形量爪和带有圆柱面形量爪两种。当量爪在错误位置时，其测量结果将比实际孔径 D 要小。

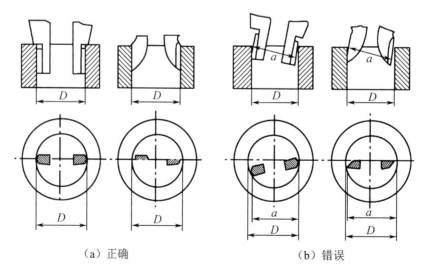

（a）正确　　　　　　　　（b）错误

图 2-30　游标卡尺在测量内孔时的正确和错误位置

（5）用如图 2-19、图 2-20 所示的两种游标卡尺下量爪测量内尺寸，在读取测量结果时，一定要把量爪的厚度加上。即游标卡尺上的读数，加上量爪的厚度，才是被测零件的内尺寸。测量范围在 500 mm 以下的游标卡尺，量爪厚度一般为 10 mm。但当量爪磨损或修理后，量爪厚度会小于 10 mm，读数时这个修正值也要考虑进去。

（6）用游标卡尺测量零件时，不允许过分地施加压力，所用压力应使两个量爪刚好接触零件表面。如果测量压力过大，不但会使量爪弯曲或磨损，而且会在压力作用下产生弹性变形，使测量的尺寸不准确（外尺寸小于实际尺寸，内尺寸大于实际尺寸）。

在游标卡尺上读数时，应使卡尺保持水平，朝着亮光的方向，使人的视线尽可能和卡尺的刻线表面垂直，以免由于视线的歪斜造成读数误差。

（7）为了获得正确的测量结果，可以多测量几次。即在零件同一截面上的不同方向进行测量。对于较长零件，则应在各个部位进行测量，从而获得一个相对准确的测量结果。

五、游标卡尺使用时的注意事项

（1）测量前，应将被测工件的表面擦净。然后检查游标卡尺尺身和游标上的两零线是否对齐。如未对齐，应记下误差值，在测量读数后用来修正。

（2）测量小型工件时，应左手持工件，右手操作卡尺；测量大型工件时，应双手操作卡尺。测量时，量爪的量面应与工件的轴线垂直或平行。

（3）使用带微动装置的游标卡尺时，要先松开紧固螺钉。移动尺框使活动量爪的量面接近工件，然后固定微动装置，左手捏住固定量爪，右手旋转调整螺母，使活动量爪的量面精确、平稳地接触工件，然后读数。

（4）使用圆柱形量面的卡尺时，应在读数时加上量爪外量面的宽度值。

（5）不允许用游标卡尺测量旋转着的工件或高温工件。游标卡尺使用完毕后应擦净装盒保管。

六、游标卡尺应用举例

1. 用游标卡尺测量 T 形槽的宽度

用游标卡尺测量 T 形槽的宽度，如图 2-31 所示。T 形槽的宽度为：$L=A+b$。

2. 用游标卡尺测量孔中心线与侧平面之间的距离

如图 2-32 所示，用游标卡尺测量孔中心线与侧平面之间的距离 L 时，先要用游标卡尺测量出孔的直径 D，再用刃口形量爪测量孔壁面与零件侧面之间的最短距离 A。孔中心线与侧平面之间的距离为

$$L = A + \frac{D}{2}$$

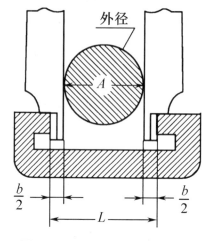

图 2-31　测量 T 形槽的宽度

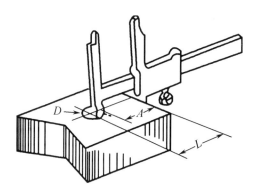

图 2-32　测量孔中心线与侧平面之间的距离

3. 用游标卡尺测量两孔的中心距

用游标卡尺测量两孔的中心距有以下两种方法。

（1）先用游标卡尺分别量出两孔的内径 D_1 和 D_2，再量出两孔内表面之间的最大距离 A，如图 2-33 所示。两孔的中心距为

$$L = A - \frac{1}{2}(D_1 + D_2)$$

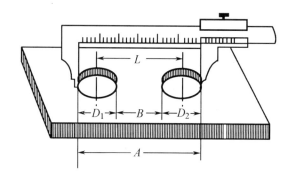

图 2-33　测量两孔的中心距

（2）先用游标卡尺分别量出两孔的内径 D_1 和 D_2，再量出两孔内表面之间的最小距离 B，则两孔的中心距为

$$L = B + \frac{1}{2}(D_1 + D_2)$$

七、高度尺

1．高度尺的结构

高度游标卡尺简称高度尺，如图 2-34 所示。它的主要用途是测量工件的高度，也经常用于测量形状和位置公差尺寸，有时也用于画线。主要由主尺、紧固螺钉、尺框、基座、量爪、游标、微动装置组成。

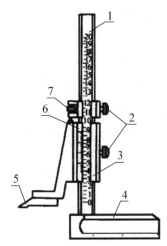

1—主尺；2—紧固螺钉；3—尺框；4—基座；5—量爪；6—游标；7—微动装置

图 2-34　高度尺

高度尺与游标卡尺一样，按刻度盘读数显示方式的不同可分为刻度线显示及数字显示两种。数字显示高度尺如图 2-35 所示。

2．高度尺的测量方法

高度尺的测量工作应在平台上进行。当量爪的测量面与基座的底平面位于同一平面时，此时主尺与游标的零线对齐。所以在测量高度时，量爪到测量面的高度，就是被测量零件的高度尺寸。高度尺的读数原理及方法与游标卡尺完全一致。

3．高度尺使用时的注意事项

（1）测量前应擦净工件测量表面和高度尺的主尺、游标、测量爪，检查测量爪是否磨损。

（2）使用前调整量爪的测量面与基座的底平面位于同一平面，检查主尺和游标零线是否对齐。

（3）测量工件高度时，应将量爪轻微摆动，在最大部位读取数值。

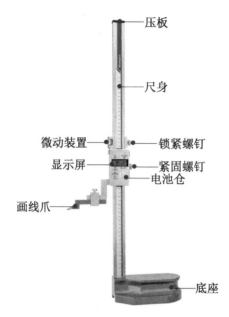

图 2-35　数字显示高度尺

（4）读数时，应使视线正对刻线；用力要均匀，测力约 3～5 N，以保证准确性。

（5）使用中应注意清洁高度尺测量爪的测量面。

（6）不能用高度尺测量锻件、铸件和运动工件的表面，以免损坏卡尺。

（7）久不使用的高度尺应擦净、上油后放入盒中保存。

八、深度尺

1. 深度尺的结构

深度游标卡尺简称深度尺，根据读数显示方式的不同可分为刻度显示尺（如图 2-36 所示）和数字显示尺（如图 2-37 所示）两种。主要由尺身、尺框、紧固螺钉、测量基座、游标组成，用于测量凹槽或孔的深度及梯形工件的梯层高度、长度等尺寸。

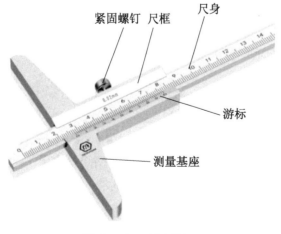

图 2-36　刻度显示尺

图 2-37　数字显示尺

2．深度尺的测量方法

测量内孔深度时应把基座的端面紧靠在被测孔的端面上，使尺身与被测孔的中心线平行，此时尺身端面至基座端面之间的距离，即为被测零件的深度尺寸，如图2-38所示。其读数方法和游标卡尺完全一样。

图2-38　深度尺的测量方法

3．深度尺使用时的注意事项

（1）测量前，应将被测量表面擦干净，以免灰尘、杂质磨损量具。

（2）深度尺的测量基座和尺身端面应垂直于被测表面并贴合紧密，不得歪斜，否则会造成测量结果不准。

（3）应在足够的光线下读数，视线应与深度尺的刻线表面垂直，以减小读数误差。

（4）在机床上测量零件时，要等零件完全停稳后进行，否则不但会使量具的测量面过早磨损而失去精度，而且可能造成事故。

（5）测量沟槽深度或当其他基准面是曲线时，测量基座的端面必须放在曲线的最高点上，测量结果才是工件的实际尺寸，否则会出现测量误差。

（6）用深度尺测量零件时，不允许过分地施加压力，所用压力应使测量基座刚好接触零件的基准表面，尺身刚好接触测量平面。如果测量压力过大，不但会使尺身弯曲、基座磨损，而且还会使测量结果不准确。

（7）为减小测量误差，可适当增加测量次数，并取其平均值。即在零件的同一基准面上的不同方向进行测量。

（8）刚加工完的工件由于温度较高不能马上测量，须等工件冷却至室温后再进行测量，否则测量误差太大。

任务实施

利用游标卡尺检查离合器片总成。

（1）用游标卡尺测量铆钉头部深度，如图 2-39 所示。注意游标卡尺要和被测物垂直。

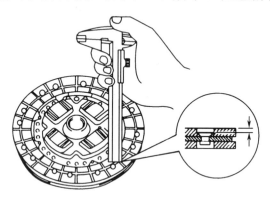

图 2-39　测量铆钉头部深度

（2）用游标卡尺测量膜片弹簧磨损的深度和宽度，如图 2-40 所示。注意宽度用上量爪测量。

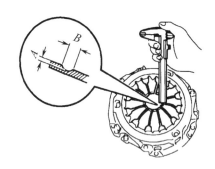

图 2-40　测量膜片弹簧磨损的深度和宽度

（3）用游标卡尺测量齿轮外径，如图 2-41 所示。测量时注意卡尺必须通过齿轮的中心。

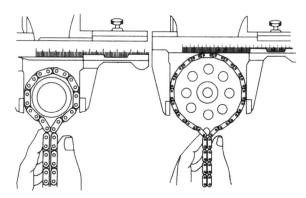

图 2-41　测量齿轮外径

:bulb: **素养与思政**

　　本任务要求分组训练，各小组必须按照规范的操作方式精确、快速地进行测量，力求做到精益求精，弘扬大国工匠精神。各小组在实训过程中必须团结一致、相互合作，操作过程中要注意安全，要求全程实现"7S"管理。

:heavy_plus_sign::heavy_division_sign: 技能训练

要求：

1. 用游标卡尺测量汽车零部件。

2. 用高度尺和深度尺测量汽车零部件。

3. 按照规范的操作方式进行测量，注意安全，全程要求"7S"管理。

任务 3　螺旋测微量具

:bulb: **知识目标**

1. 了解千分尺的类型与功用。

2. 掌握千分尺的测量及读数方法。

:bulb: **能力目标**

1. 能用千分尺测量曲轴、凸轮轴等汽车零部件的外径。

2. 能用千分尺测量制动盘的厚度。

:pencil2: **思政目标**

1. 通过测量仪器规范的操作流程，培养学生精益求精的工匠精神。

2. 通过学生小组合作学习，培养学生爱岗敬业、团结互助的价值观。

汽车维修基本技能 一体化教材

任务引入

螺旋测微器又称千分尺、螺旋测微仪、分厘卡，是比游标卡尺更精密的测量长度的工具，用它测量长度可以精确到 0.01 mm，测量范围为几厘米。本任务主要针对初学者讲解千分尺在汽车维修中正确使用的方法，使初学者尽快掌握汽车维修的基本知识及技能。

相关知识

常用的千分尺有外径千分尺、内径千分尺、深度千分尺、螺纹千分尺和公法线千分尺等，并分别测量或检验零件的外径、内径、深度与厚度、螺纹的中径和齿轮的公法线长度等。

一、外径千分尺的类型

千分尺分为机械式千分尺和电子千分尺两类。

1. 机械式千分尺

机械式千分尺如图 2-42 所示，是利用精密螺纹副传动原理的手携式通用长度测量工具。1848 年，法国的 J.L.帕尔默取得外径千分尺的专利。1869 年，美国的 J.R.布朗和 L.夏普等将外径千分尺制成商品，用于测量金属线外径和板材厚度。千分尺的品种很多。改变千分尺测量面形状和尺架等就可以制成不同用途的千分尺，如用于测量内径、螺纹中径、齿轮公法线或深度等的千分尺。

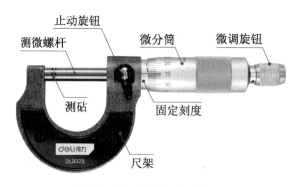

图 2-42 机械式千分尺

2. 电子千分尺

电子千分尺又称数显千分尺，如图 2-43 所示，测量系统中应用了光栅测长技术和集成电路等。电子千分尺是 20 世纪 70 年代中期出现的，一般用于外径测量。

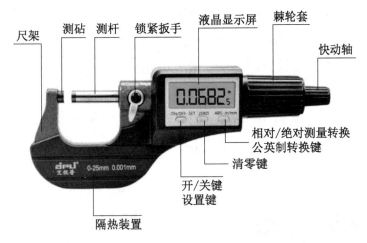

图 2-43　电子千分尺

二、外径千分尺的结构

外径千分尺由尺架、测微头、测力装置和制动器等组成。用千分尺测量零件的尺寸，就是把被测零件置于千分尺的两个测量面之间。所以两个测量面之间的距离，就是零件的测量尺寸。

三、外径千分尺的工作原理

如图 2-44 所示为 0～25 mm 外径千分尺，其主要工作原理为应用螺旋读数机构，它包括一对精密的螺纹——测微螺杆与螺纹轴套（如图 2-44 所示的 3 和 4）和一对读数套筒——固定刻度套筒与微分筒（如图 2-44 所示的 5 和 6）。

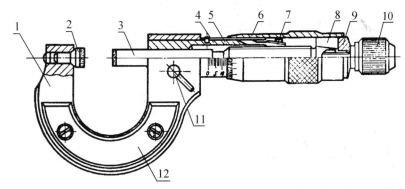

1—尺架；2—固定测砧；3—测微螺杆；4—螺纹轴套；5—固定刻度套筒；6—微分筒；
7—调节螺母；8—接头；9—垫片；10—测力装置；11—锁紧螺钉；12—绝热板

图 2-44　0～25 mm 外径千分尺

在固定刻度套筒轴向刻有一条基线，基线的上、下方都刻有毫米刻线，上下画线错开 0.5 mm。微分筒的圆锥面上刻有 50 个等分格。由于测微螺杆和固定刻度套筒的螺距都是 0.5 mm，所以当微分筒旋转一圈时，测微螺杆就移动 0.5 mm，同时微分筒就遮住或露出固定刻度套筒上的一条刻线。当微分筒转动一格（即 1/50 圈）时，测微螺杆就移动 0.05×1/50= 0.01（mm），所以千分尺的测量精度为 0.01 mm。

千分尺测微螺杆的移动量为 25 mm，所以千分尺的测量范围一般为 25 mm。国产千分尺测量范围的尺寸分段为 0~25、25~50、50~75、75~100、100~125、125~150 和 150~ 175 等。

四、千分尺的读数方法

千分尺的具体读数方法可分为 3 步。

（1）读出固定刻度套筒上露出的刻线尺寸，一定要注意不能遗漏应读出的 0.5 mm 的刻线值。

（2）读出微分筒上的尺寸，要看清微分筒圆周上哪一格与固定刻度套筒的中线基准对齐，将格数乘以 0.01 mm 即得到微分筒上的尺寸。

（3）将上面两个尺寸相加，即为千分尺测得的尺寸。

如图 2-45（a）所示，在固定刻度套筒上读出的尺寸为 8 mm，微分筒上读出的尺寸为 27×0.01=0.27（mm），两数相加，即得被测零件的尺寸为 8.27 mm；如图 2-45（b）所示，在固定刻度套筒上读出的尺寸为 8.5 mm，在微分筒上读出的尺寸为 27×0.01=0.27（mm），两数相加，即得被测零件的尺寸为 8.77 mm。

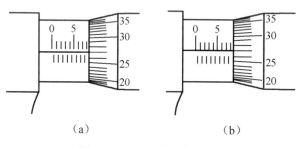

（a）　　　　　　　　　（b）

图 2-45　千分尺的读数

五、千分尺的精度及调整

千分尺在使用过程中，由于磨损和使用不当会使示值误差超差，所以应定期检查，适当进行拆洗或调整，以保持千分尺的测量精度。

1．校正千分尺的零位

使用前检查微分筒圆周上的"0"刻线，是否对准固定刻度套筒的中线。如果没有对准，就要进行校正，使之对准零位。

零位没对准一般有两种可能：一是由于微分筒的轴向位置不对，可用制动器把测微螺杆锁住，再用千分尺的专用扳手，插入测力装置轮轴的小孔内，把测力装置松开（逆时针旋转），即可调整微分筒，使固定刻度套筒上的"0"线正好露出来，同时使微分筒的"0"线对准固定刻度套筒的中线，然后把测力装置旋紧。二是由于微分筒的"0"线没有对准固定刻度套筒的中线，因此也必须进行校正。此时，可用千分尺的"调零扳手"插入固定刻度套筒的小孔内，把固定刻度套筒转过一点，使之对准"0"线。

（1）如果误差低于 0.02 mm，可使锁销啮合以便固定轴，然后使用如图 2-46 所示的"调零扳手"，移动和调整固定刻度套筒。

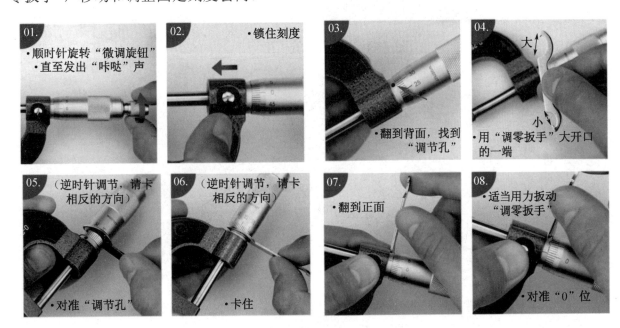

图 2-46　千分尺的校正（一）

如果用力过多，可将"调零扳手"卡在相反方向，按如图 2-47 所示进行调整。

（2）如果误差大于 0.02mm，可使锁销啮合以便固定轴，然后使用"调零扳手"按如图 2-48 所示的箭头方向松开测力装置，转动微分筒将其"0"刻度线与固定刻度套筒的基准线对齐。

2．调整千分尺的间隙

千分尺在使用时由于磨损等原因，会使精密螺纹的配合间隙增大，从而使示值误差超差，必须及时进行调整，以便保持千分尺的精度。

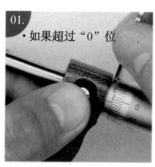

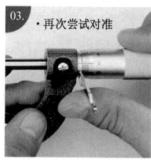

· 如果还未对准，请反复尝试

图2-47　千分尺的校正（二）

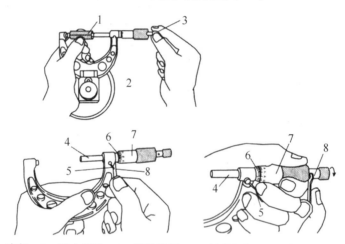

1—标准测量杆；2—支架；3—测力装置；4—测微螺杆；5—锁紧螺钉；6—微分筒；7—套管；8—调零扳手

图2-48　千分尺的校正（三）

六、千分尺的使用方法

千分尺使用得是否正确，对保持其精度和保证产品质量的影响很大，因此使用千分尺测量零件尺寸时，必须注意以下几点。

（1）使用前，应把千分尺的两个测砧面清洁干净，转动测力装置，使两测砧面接触（若测量上限大于 25 mm，则应在两测砧面之间放入校对量杆或相应尺寸的量块），接触面上应没有间隙和漏光现象，同时微分筒和固定刻度套筒要对准零位。

（2）转动测力装置时，微分筒应能自由灵活地沿着固定刻度套筒活动，没有任何卡滞现象。如有，应送计量站及时检修。

（3）测量前，应把零件的被测量表面清洁干净，以免有脏物存在影响测量精度。绝不允许用千分尺测量带有研磨剂的表面，以免损伤测量面的精度。同时，不得用千分尺测量表面粗糙的零件，这样易使测砧面过早磨损。

（4）用千分尺测量零件时，应当手握测力装置的转帽来转动测微螺杆，使测砧表面保持标准的测量压力，即听到"咔嗒"的声音时再转动2～3圈，表示压力合适，可开始读数，如图2-49（a）所示。

绝不允许用力旋转微分筒以增加测量压力，使测微螺杆过分压紧零件表面，从而使精密螺纹因受力过大而发生变形，损坏千分尺的精度。有时用力旋转微分筒后，因微分筒与测微螺杆间的连接不牢固，因此对精密螺纹的损坏并不严重，但是微分筒打滑后，千分尺的零位走动了，就会造成质量事故。

（5）使用千分尺测量零件时（如图2-49（b）所示），要使测微螺杆与零件被测量的尺寸方向一致。如测量外径时，测微螺杆要与零件的轴线垂直，不要歪斜。测量时，可在旋转测力装置的同时轻轻地晃动尺架，使测砧面与零件表面接触良好。

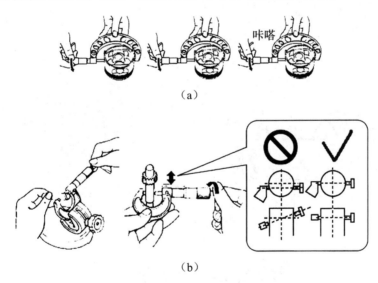

（a）

（b）

图2-49　用千分尺测量零件的方法

（6）用千分尺测量零件时，最好在零件上进行读数，放松后取出千分尺，这样可减少测砧面的磨损。如果必须取下读数，应用制动器锁紧测微螺杆后，再轻轻滑出零件，不可将千分尺当作卡规使用，这样做不但易使测量面过早磨损，甚至会使测微螺杆或尺架因发生变形而失去精度。

（7）在读取千分尺上的测量数值时，要特别留心不要漏读0.5 mm。

（8）为了获得正确的测量结果，可在同一位置上再测量一次。尤其是测量圆柱形零件时，应在同一圆周的不同方向测量几次，检查零件外圆有没有圆度误差，再在全长的各个

部位测量几次，检查零件外圆有没有圆柱度误差等。

（9）对于超常温的工件，不要进行测量，以免产生读数误差。

（10）单手使用外径千分尺时，如图 2-50（a）所示，可用大拇指和食指（或中指）捏住活动套筒，小指勾住尺架并压向手掌上，由大拇指和食指转动测力装置即可测量。

用双手测量时，可按如图 2-50（b）所示的方法进行。

值得提出的是几种外径千分尺的错误使用方法。例如，用千分尺测量旋转运动中的工件，如图 2-51（a）所示，很容易使千分尺磨损，而且测量也不准确；又如，为了尽快得出读数，用手握着微分筒快速挥转，如图 2-41（b）所示，这种错误行为同碰撞一样，也会破坏千分尺的内部结构。

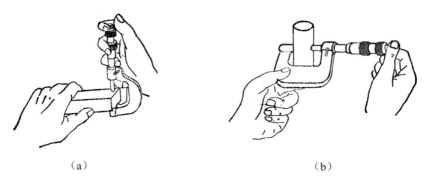

（a）　　　　　　　　　　　（b）

图 2-50　单手和双手使用外径千分尺测量

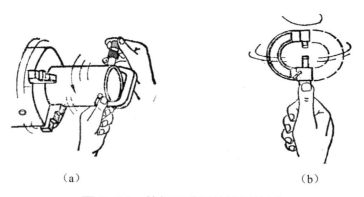

（a）　　　　　　　　　　　（b）

图 2-51　外径千分尺的错误使用

任务实施

（1）用千分尺测量发动机活塞直径，如图 2-52 所示，注意千分尺必须通过活塞的中心，测量后锁紧紧固螺钉，轻轻取出千分尺，读取测量数据。

（2）用千分尺测量发动机曲轴轴径，如图 2-53 所示，注意千分尺必须通过曲轴的中心，测量后锁紧紧固螺钉，轻轻取出千分尺，读取测量数据。

（3）用千分尺测量发动机凸轮轴轴径，如图 2-54 所示，注意千分尺必须通过凸轮轴的中心，测量后锁紧紧固螺钉，轻轻取出千分尺，读取测量数据。

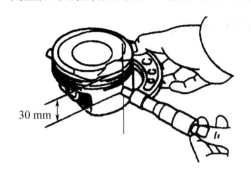

图2-52　用千分尺测量发动机活塞直径

图2-53　用千分尺测量发动机曲轴轴径　　　图2-54　用千分尺测量发动机凸轮轴轴径

💡 **提示**

用千分尺测量零部件时，要把被测量的零部件表面擦拭干净，否则测量出来的数据将不准确。

💡 **素养与思政**

本任务要求分组训练，各小组必须按照规范的操作方式精确、快速地进行测量，力求做到精益求精，弘扬大国工匠精神。各小组在实训过程中必须团结一致、相互合作，操作过程中要注意安全，要求全程实现"7S"管理。

技能训练

要求：

1. 用千分尺测量曲轴、凸轮轴直径。

2. 用千分尺测量活塞直径。

3. 按照规范的操作方式进行测量，注意安全，全程要求"7S"管理。

 任务 **4** 指示式量具

💡 **知识目标**

1. 了解百分表的类型及功用。
2. 掌握量缸表的使用方法。

🏋 **能力目标**

1. 能用百分表测量曲轴、凸轮轴的径向跳动。
2. 能用百分表测量气缸套的内径。

✏ **思政目标**

1. 通过测量仪器规范的操作流程，培养学生精益求精的工匠精神。
2. 通过学生小组合作学习，培养学生爱岗敬业、团结互助的价值观。

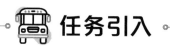 **任务引入**

    指示式量具是以指针指示出测量结果的量具。常用的指示式量具有百分表、千分表、杠杆百分表和内径百分表等，主要用于校正零件或夹具的安装位置、检验零件的形状精度和相互位置精度，以及测量零件的内径等。本任务主要针对初学者讲解百分表在汽车维修中正确使用的方法，使初学者尽快掌握汽车维修的基本知识及技能。

 相关知识

 百分表的结构

    百分表和千分表，它们的结构原理相似，区别在于千分表的读数精度更高（千分表的读数值为 0.001 mm，而百分表的读数值为 0.01 mm）。本任务主要介绍百分表。

    百分表的结构如图 2-55 所示，8 是测量杆，6 是指针，3 是表盘，上面刻有 100 个等分格，其刻度值（读数值）为 0.01 mm。当指针转动一圈时，转数指示盘 5 中的小指针转动一小格，其刻度值为 1 mm。用手转动表圈 4 时，表盘 3 也跟着转动，可使指针对准任一刻线。测量杆 8 是沿着套筒 7 上下移动的，套筒 7 可用作安装百分表。9 是测量头，2 是手提测量杆用的圆头。测量杆量程有 0～3 mm、0～5 mm、0～10 mm 3 种。表盘和表圈是一体的，表圈可任意转动，以使指针对准零位。表后盖耳孔是用来连接表架的。带螺纹的测量头拧在测量杆上，需要接长量杆时，可旋下测量触头，装上接杆。

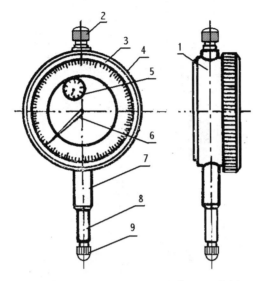

1—百分表侧面；2—圆头；3—表盘；4—表圈；
5—转数指示盘；6—指针；7—套筒；8—测量杆；9—测量头

图 2-55　百分表的结构

二、百分表的工作原理

　　百分表的工作原理如图 2-56 所示，测量杆中部有 16 个齿，齿轮周节（一牙）是 0.625 mm。当测量杆上升或下降 16 个齿时（恰好是 10 mm），齿轮 1（16 个齿）转 1 周，和齿轮 1 固定在同一个轴上的齿轮 2（100 个齿）也转一周，而与齿轮 2 相啮合的齿轮 3（10 个齿）及微分针则转 10 周，齿轮 4（100 个齿）和整数针则转 1 周。当测量头脱离工件后，由拉力弹簧将测量杆拉回原始位置。游丝卷装在齿轮 4 的轴上，由于游丝周向力的作用，使各个齿轮始终保持接触在同一受力面上，以消除齿轮啮合间隙所造成的误差。使用时，应测使量杆的测量头抵住被测量面，并使表针转过 1 周左右，以保持测量头一定的压力，使被测量工件在一定的要求下运动，而后从表盘上观察指针的摆差。注意测量杆轴线应垂直于被测量的表面，否则会影响测量精度。使用后，要将百分表擦净、涂油，放入盒中保管。

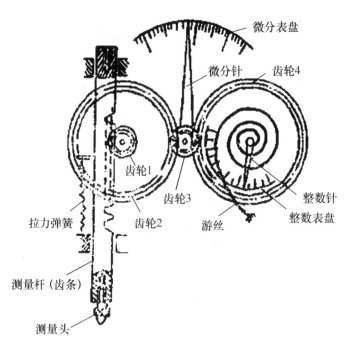

图 2-56　百分表的工作原理

三、使用百分表的注意事项

使用百分表或千分表时，必须注意以下几点。

（1）使用前，应检查测量杆的灵活性。即轻轻推动测量杆时，测量杆在套筒内的移动要灵活，没有任何卡滞现象，且每次放松后，指针都能恢复到原来的刻度位置。

（2）使用百分表或千分表时，必须把它固定在可靠的夹持架上（如固定在万能表架或磁性表座上，如图 2-57 所示），夹持架要安放平稳，以免使测量结果不准确或摔坏百分表。

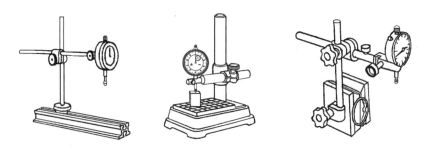

图 2-57　安装在专用夹持架上的百分表

（3）用夹持百分表的套筒来固定百分表时，夹紧力不要过大，以免因套筒变形而使测量杆活动不灵活。

（4）用百分表或千分表测量零件时，测量杆必须垂直于被测量表面，使测量杆的轴线与被测量尺寸的方向一致，否则会使测量杆活动不灵活或测量结果不准确。

（5）测量时，不要使测量杆的行程超过它的测量范围，不要使测量头突然撞在零件上，不要使百分表或千分表受到剧烈的振动和撞击，也不要把零件强行推入测量头下，以免损坏百分表或千分表的机件而失去精度。因此，不可用百分表测量表面粗糙或有显著凹凸不平的零件。

（6）百分表尺寸校正与检验方法如图2-58所示。应当使测量杆有一定的初始测力，即在测量头与零件表面接触时，测量杆应有0.3～1 mm的压缩量（千分表可小一点，有0.1 mm即可），使指针转过半圈左右，然后转动表圈，使表盘的零位刻线对准指针。轻轻地拉动手提测量杆的圆头，拉起和放松几次，检查指针所指的零位有无改变。当指针的零位稳定后，再开始测量或校正零件的工作。如果是校正零件，此时可改变零件的相对位置，读出指针的偏摆值，就是零件安装的偏差数值。

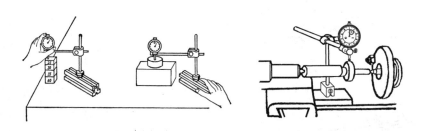

图2-58　百分表尺寸校正与检验方法

（7）检查工件平整度或平行度时的轴类零件圆度、圆柱度及跳动如图2-59所示。将工件放在平台上，使测量头与工件表面接触，调整指针使其摆动1/3～1/2转，然后把刻度盘零位对准指针，接着慢慢移动表座或工件，当指针顺时针摆动时，说明工件偏高；当指针逆时针摆动时，说明工件偏低。

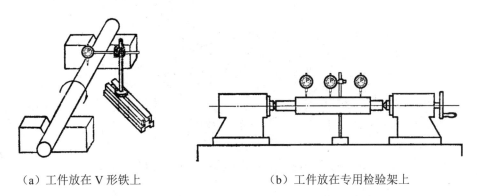

（a）工件放在V形铁上　　　　　　（b）工件放在专用检验架上

图2-59　检查轴类零件圆度、圆柱度及跳动

当进行轴测时，是以指针摆动最大数字为读数（最高点）；测量孔时，是以指针摆动最小数字（最低点）为读数。

（8）在使用百分表或千分表的过程中，要严格防止水、油和灰尘渗入表内，测量杆上也不要加油，免得粘有灰尘的油污进入表内，影响表的灵活性。

（9）百分表或千分表不使用时，应使测量杆处于自由状态，以免表内的弹簧失效。如内径百分表上的百分表在不使用时，应拆下来保存。

四、万能百分表架

万能百分表架是专门用来夹持百分表的，可变换各种方向，以适应不同方向的测量工作。通常有轨道座式（如图 2-60 所示）、磁力座式（如图 2-61 所示）和磁力座软轴式（如图 2-62 所示）3 种。

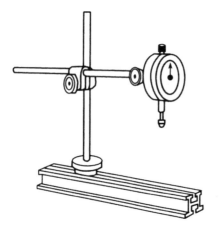

图 2-60　轨道座式百分表架

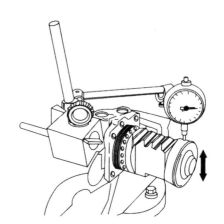

图 2-61　磁力座式百分表架

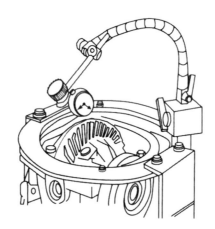

图 2-62　磁力座软轴式百分表架

五、百分表应用举例

1. 测量曲轴的弯曲

如图 2-63 所示为曲轴弯曲的测量。将百分表的测量头抵在中间主轴颈上（如主轴颈是

双数的，则测量中间的两道轴颈，取最大值），转动曲轴，先找出百分表最小读数，再将曲轴旋转180°后记下百分表的最大读数，两次读数的差值即为曲轴弯曲值。

2．测量圆柱齿轮的间隙

如图2-64所示为圆柱齿轮间隙的测量。

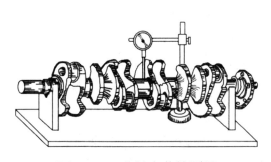

图2-63　曲轴弯曲的测量

图2-64　圆柱齿轮间隙的测量

3．改装专用测量工具

由于百分表指示灵敏、精度高，因此在汽车维修保养中很多专用量具、指示仪具都用百分表改装，如配气相位检查仪和顶置式发动机上止点测定仪，用这种测定仪测定上止点时，可以不拆去气缸盖。

4．用百分表检查飞轮摆动

用百分表检查飞轮摆动时，百分表应垂直于飞轮的表面进行测量。百分表的指针应被压缩一圈左右，所测量的表面应光滑平整、无锈蚀。转动飞轮时，应缓慢均匀地用力。测量时百分表应靠近飞轮的边缘，如图2-65所示。

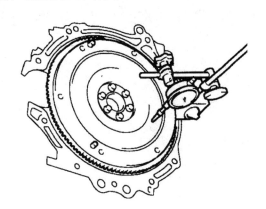

图2-65　用百分表检查飞轮摆动

5．测量轴与衬套之间的间隙

如图2-66所示为测量气门杆与导管的配合间隙，把气门提至气缸体平面上15 mm左右，晃动气门，百分表摆差的一半即可近似作为气门杆与导管的配合间隙。测量时，测量的位置应在气门锥面的光滑处，百分表的指针应被压缩两圈左右，晃动气门一定要达到两个极

限值，即最大值和最小值。

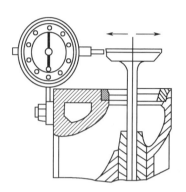

图 2-66　测量气门杆与导管的配合间隙

此外，在汽车维修保养作业中，百分表还可用来进行各种形位误差的测量，如各种跳动误差、同轨度误差等。

六、轮胎气压表

轮胎气压表（如图 2-67 所示）由表头、活塞、表体、标尺、主弹簧等组成，表头上只有一个气压计量口，主弹簧的长度为 60～100 mm，这种新型气压表结构简单、量程较小、精度较高、使用方便，适用于测量微型车、摩托车等小型车辆的轮胎气压。

图 2-67　轮胎气压表

1. 测量步骤

使用轮胎气压表测量轮胎气压的步骤如下。

（1）寻找一个稳定的位置将轮胎气压表置于气门杆上。

（2）用力按轮胎气压表，使其与气门杆实现密封，空气便会从轮胎进入轮胎气压表中，注意，气压表内部的指针要对准气门杆内的气门芯，以便在轮胎中释放空气。

（3）读取轮胎气压表的压力数据。

2．注意事项

（1）接轮胎充气接口时必须牢固。

（2）轮胎气压表在充气时，时间不能太长，一般充气 10 s 左右须停顿一下，以便观察轮胎的气压。

（3）使用后应注意保护好表头，以避免碰撞损坏。

七、气缸压力表

气缸压力表是用来测量气缸内压缩终了时的压力的。气缸压力是否正常，是反映活塞—气缸副和气门技术状况的重要标志。气缸压力表的主要组成机件是压力表。按用途和结构分为汽油机气缸压力表和柴油机气缸压力表两种。汽油机气缸压力表的外部结构如图 2-68 所示。锥形橡胶套用来塞住火花塞孔，在阀塞中装有一个单向阀（类似于内胎气门芯），使气体只能从气缸进入压力表而不会漏回气缸中。放气阀用来放出进入压力表中的压缩空气，使表针回零。汽油机气缸压力表的量值通常是 $0 \sim 2.0 \times 10^3$ kPa（$0 \sim 20$ kgf/m^2）。

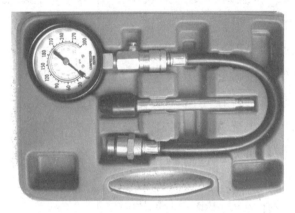

图 2-68　汽油机气缸压力表的外部结构

1．气缸压力表的检查与作用

（1）气缸压力表的检查：① 检查外表有无损坏；② 检查密封面（密封口）是否良好；③ 检查试表针与读数是否准确对应。

（2）气缸压力表的作用：检测发动机气缸内的压力是否符合标准数值。

2．气缸压力表的标准参数

汽油机气缸压力表参数：$0 \sim 980$ kPa。

柴油机气缸压力表参数：$0 \sim 1\,960$ kPa。

3．气缸压力表的使用方法

（1）汽油机气缸压力表在使用时旋装在火花塞的螺纹孔中，因气缸压力较低，所以相对较安全。

（2）柴油机气缸压力表在使用时是用手直接按压在喷油器座孔上的，因气缸压力较高，所以必须注意安全。

（3）无论是汽油机还是柴油机，在进行检测之前，首先要清理干净火花塞或喷油器周围的污物，防止掉入气缸内。

4．气缸压力表的应用实例

（1）现以测量汽油机气缸压缩压力为例说明气缸压力表的使用方法。

① 起动发动机，运转到发动机水温升至 80℃ 左右时停止。

② 用压缩空气吹净火花塞外部的尘土，拆下发动机盖（如有）。

③ 拔出点火线圈，拆下各缸火花塞。

④ 排除气缸内的废气，将气缸压力表的橡皮头放在第一缸火花塞孔上，用力压紧。

⑤ 用起动机转动曲轴，转速约为 250 r/min 或以上。记下压力表读数，测试记录 2～3 次。然后依次测量其余各缸。

⑥ 气缸压力低于标准（如解放 CA141 型和东风 EQ140 型汽车发动机的气缸压力应不低于 0.833 MPa）时，可向活塞顶部加入 20～30 g 的新润滑油，然后再检测压力。若明显上升，则表示活塞环磨损；若压力不变，则表明气门或气缸垫漏气。

（2）注意事项。

① 节气门和阻风门必须全部打开。

② 蓄电池必须充满电或接近充满电状态，以保证发动机的转速达到规定的速度。

③ 用起动机马达转动曲轴，使每缸完成 4 个压缩冲程后，检查压力。

④ 汽油机各缸压力值不小于标准值的 10%；柴油机各缸压力值不小于标准值的 20%。

⑤ 同一台发动机各气缸压力值汽油机相差不能大于 10%，柴油机相差不能大于 8%。

汽油机压缩压力范围为：440～780 kPa。

柴油机压缩压力范围为：440 kPa～2.0 MPa。

（3）压力表读数分析。

① 正常情况：压力在各缸迅速、均匀地积累并达到规定值。

② 活塞环故障：第一次冲程压力较低，之后的冲程中压缩程度逐步加强，但压缩力达不到正常值，向气缸补充润滑油后压缩力有明显提高。

③ 气门故障：第一次冲程压缩程度较低，之后的冲程中压缩程度也没有加强的趋势，向气缸补充润滑油后压缩压力没有明显提高。

八、内径百分表

内径百分表是内量杠杆式测量架和百分表的组合，如图 2-69 所示。用于测量或检验零件的内孔、深孔直径及其形状精度。

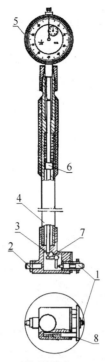

1—活动测量头；2—可换测量头；3—三通管；4—表管；
5—百分表；6—活动杆；7—传动杠杆；8—活动套

图 2-69　内径百分表

1. 内径百分表测量架的内部结构

由图 2-69 可见，在三通管 3 的一端装着活动测量头 1，另一端装着可换测量头 2，垂直管口一端，通过表管 4 装有百分表 5。活动测量头 1 的移动，使传动杠杆 7 回转，通过活动杆 6，推动百分表的测量杆，使百分表指针产生回转。由于传动杠杆 7 的两侧触点是等距离的，当活动测量头移动 1 mm 时，活动杆也移动 1 mm，推动百分表指针回转一圈。所以，活动测量头的移动量，可以在百分表上读出来，活动测量头及可换测量头的长度则由千分尺的读数来确定，如图 2-70 所示。

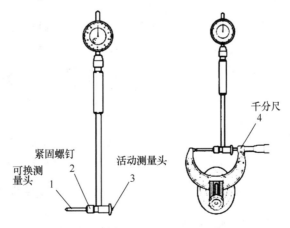

图 2-70　内径百分表与千分尺配合使用

2．内径百分表活动测量头的移动量

小尺寸的只有 0～1 mm，大尺寸的可有 0～3 mm，它的测量范围是由更换或调整可换测量头的长度来确定的。因此，每个内径百分表都附有成套的可换测量头。国产内径百分表的读数值为 0.01 mm，测量范围有 10～18 mm、18～35 mm、35～50 mm、50～100 mm、100～160 mm、160～250 mm、250～450 mm。

内径百分表的指针摆动读数：刻度盘上每一格为 0.01 mm，盘上刻有 100 格，即指针每转一圈为 1 mm。

3．内径百分表的使用方法

内径百分表用来测量圆柱孔，它附有成套的可调测量头，使用前必须先进行组合和校对零位，如图 2-71 所示。

组合时，将百分表装入连杆内，使小指针指在 0～1 的位置上，长针和连杆轴线重合，刻度盘上的字应垂直向下，以便于测量时观察，装好后应予以紧固。

测量前，应根据被测孔径大小用外径千分尺调整好尺寸后才能使用，如图 2-72 所示。在调整尺寸时，正确选用可换测量头的长度及其伸出距离，应使被测尺寸在活动测量头总移动量的中间位置。

测量时，连杆中心线应与工件中心线平行，不得歪斜，同时应在圆周上多测几个点，找出孔径的实际尺寸，查看是否在公差范围内。

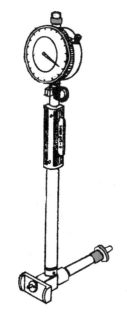

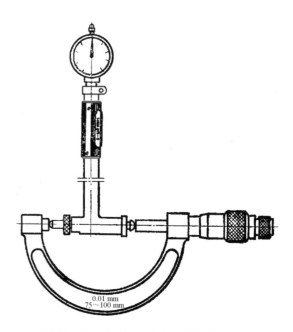

图 2-71　对内径百分表进行组合和校对零位　　图 2-72　用外径千分尺调整尺寸

在汽车维修中，量缸表主要用来测量气缸的尺寸精度和形状精度，也可以用来测量轴孔。量缸表的结构如图 2-73 所示，它实际上是一个装有特殊测量头的百分表。这

个测量头能在气缸孔内自动对中，并使活动量测量杆的运动变成活动杆 6 的轴向运动，推动百分表的测量杆，表针便指到相应的数字。为了测量不同直径的气缸，量缸表配有长短不同的固定量杆 3。

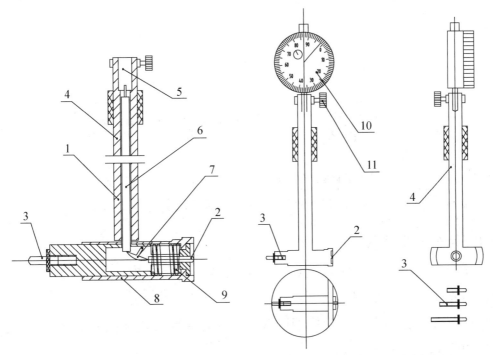

1—三通管；2—活动量杆；3—固定量杆；4—表管；5—插口；6—活动杆；
7—传动杠杆；8—活动套；9—弹簧；10—百分表；11—夹紧装置

图 2-73　量缸表的结构

💡 **提示**

气缸套的测量：

1．测量前要对零部件进行目测检查，看看是否有表面缺陷，并清洁干净。

2．检查仪器（百分表、测量杆、活动测量头）是否能正常工作。

4．内径百分表的设定

（1）使用游标卡尺测量气缸内径，根据测量缸值对照手册获取气缸套的标准尺寸，如图 2-74（a）所示。

（2）根据标准值选择更换杆（在更换杆上标有其尺寸，以 5 mm 递增）和一个调整垫圈，使量规尺寸比缸径大 0.5～1.0 mm。然后依次安装，用调整垫圈进行微调，如图 2-74（b）和图 2-74（c）所示。

（3）当百分表安装到量缸表的规体上时，轴约有 1 mm 的移动量，如图 2-74（d）所示。

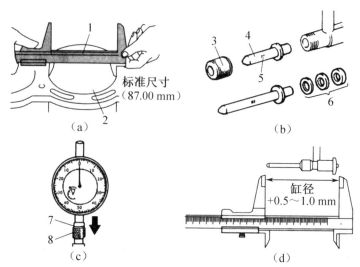

1—游标卡尺；2—气缸；3—更换杆调整螺钉；4—更换杆；5—杆尺寸；6—调整垫圈；7—轴；8—调整螺钉

图 2-74　内径百分表的设定

5．内径百分表的零校准

（1）将千分尺用游标卡尺测量后获得的标准尺寸进行设置，并用锁紧螺钉锁紧，然后将千分尺固定在支架上，如图 2-75（a）所示。

（2）将百分表的更换杆和活动杆端压入千分尺，转动表盘使指针对准"0"刻度线，如图 2-75（b）所示。

（3）固定更换杆端，上下拍动活动测量端，当指针摆到收缩端的尽头时，将指针再次对准"0"刻度线，如图 2-75（c）所示。

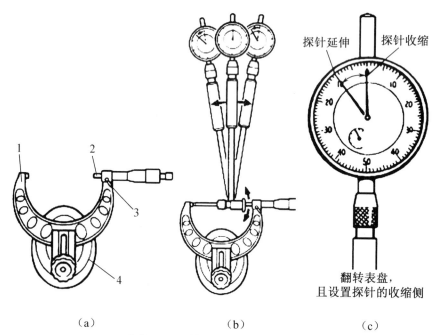

1—千分尺；2—轴；3—锁紧螺钉；4—支架

图 2-75　内径百分表的零校准

6．测量缸径

（1）用手抓住表管的隔热套，使活动测头端轻压气缸套内壁，以15°的角度慢慢地把量规插入缸径，如图2-76（a）所示。

（2）左右移动量规寻找最短距离的位置，如图2-76（b）所示。

（3）读出最短距离位置上的刻度，如图2-76（c）所示。

（4）分别在距气缸体上表面10 mm的位置、气缸套下表面10 mm的位置和气缸套中间的位置测量。

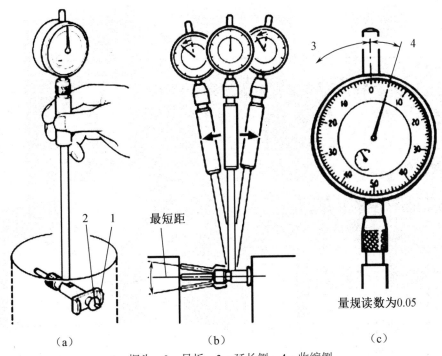

最短距

量规读数为0.05

（a）　　　　　　　　　　（b）　　　　　　　　　　（c）

1—探头；2—导板；3—延长侧；4—收缩侧

图2-76　测量缸径

7．读取测量值（如图2-77所示）

（1）读取延长侧的值：$X+Y$。

（2）读取收缩侧的值：$X-Z$。

X：标准尺寸（测微计的值）。

Y：量规读数（1侧）。

Z：量规读数（2侧）。

例如，87.00（X）−0.05（Z）=86.95（mm）。

💡 **提示**

① 在选择测量位置时须遵照修理手册中的说明。

② 根据缸径的直径计算椭圆和锥形的值。

 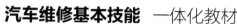

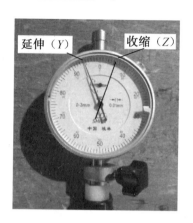

图 2-77　读取测量值

💡 **注意**

① 缸径是一个精确的圆，但活塞止推面受到来自气缸顶面的压力，而且活塞均暴露在高温高压下，所以缸径可能变成椭圆或部分锥形。

② 测量的位置应选择距气缸套上表面 10 mm 处、距气缸套下表面 10 mm 处和气缸套的中间位置。

8. 圆度、圆柱度的计算

$$圆度 = \frac{最大值 - 最小值}{2} \qquad 圆柱度 = \frac{最大值 - 最小值}{2}$$

（1）若计算的圆度值小于 0.05 mm，则说明此缸符合发动机的使用要求，不用修理。

（2）若计算的圆度值大于 0.05 mm，则说明此缸需要修理，不能继续使用。

（3）若计算的圆柱度值小于 0.25 mm，则说明此缸符合发动机的使用要求，不用修理。

（4）若计算的圆柱度值大于 0.25 mm，则说明此缸需要修理，不能继续使用。

九、量具的维护和保养

正确地使用精密量具是保证产品质量的重要条件之一。要保持量具的精度和它工作的可靠性，除了要按照合理的使用方法进行操作，还必须做好量具的维护和保养工作。

（1）在机床上测量零件时，要等零件完全停稳后进行，否则不但会使量具的测量面因过早磨损而失去精度，而且可能会造成事故。

（2）测量前应把量具的测量面和零件的被测量面清洁干净，以免因有脏物存在而影响测量精度。

（3）量具在使用过程中，不要和工具或刀具如锉刀、榔头、车刀和钻头等堆放在一起，以免碰伤量具。

（4）量具是测量工具，不能作为其他工具的代用品。例如，拿游标卡尺画线，拿千分尺当小榔头，拿钢直尺当起子旋拧螺钉，以及用钢直尺清理切屑等都是错误操作。

（5）温度对测量结果的影响很大，零件的精密测量一定要使零件和量具都在20℃左右的情况下进行。

（6）不要把精密量具放在磁场附近，如磨床的磁性工作台，以免使量具感磁。

（7）发现精密量具有不正常现象时，如量具表面不平、有毛刺、有锈斑、刻度不准、尺身弯曲变形、活动不灵活等，使用者不应自行拆修，更不允许自行用榔头敲、锉刀锉、砂布打光等粗糙办法修理，以免增大量具误差。

（8）量具使用后，应及时清洁干净，金属表面应涂上一层防锈油，放在专用的盒子里，保存在干燥的地方，以免生锈。

（9）长期使用的精密量具，要定期送计量站进行保养和检定精度，以免因量具的示值误差超差而造成产品质量事故。

任务实施

用游标卡尺、千分尺、百分表测量发动机气缸套的直径。

（1）将气缸套和量具清洁干净。

（2）目测检查气缸套内壁是否有明显的刮痕、凹陷、裂纹等缺陷，如有则需更换，不再进行测量。

（3）用游标卡尺初步测量气缸内径，为内径百分表的数据设定提供依据，如图2-78所示，测得内径为69.5 mm，通过查手册得知其标准缸径为69.70 mm。

图2-78　用游标卡尺初步测量气缸内径

（4）目测检查内径百分表是否活动灵活，活动测量端是否伸缩自如、无卡滞现象。用手转动百分表表圈将百分表的指针对准"0"刻度线，如图2-79所示。

图 2-79　目测检查内径百分表

（5）将百分表装入内径百分表的表杆中，使百分表有 0.5～1 圈的压入量。选择 66～74 的固定测量杆，装好百分表，如图 2-80 所示。注意：锁紧固定测量杆的螺母不要完全锁紧。

图 2-80　装好百分表

（6）将千分尺调到 69.50 mm 并锁紧，将量缸表的两测量头分别对准千分尺的两测砧之间。拧转固定测量杆，使百分表的指针转动 0.5～1 圈，以方便气缸套的测量，调整千分尺和百分表如图 2-81 所示。

图 2-81　调整千分尺和百分表

（7）使固定测量杆端保持稳定，上下摆动活动测量头端，使百分表压缩到最小值时，转动百分表表圈对百分表进行动态调零，如图 2-82 所示。注意：此处为动态调零，可能要调整几次才准确。

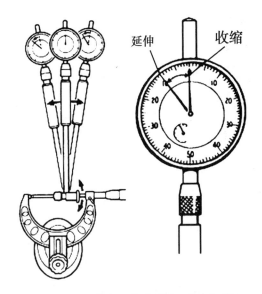

图 2-82　对百分表进行动态调零

（8）单手握住内径百分表的隔热管处，先将活动套端放入气缸套边缘，以 15°～30°的角度压入，然后慢慢摆动表杆，使其与气缸套的中心重合，如图 2-83 所示。

图 2-83　将内径百分表活动套端放入气缸

（9）当指针指向压缩端最小值时，记录读数。测量的位置应选择距气缸套上表面 10 mm处、距气缸套下表面 10 mm 处和气缸套中间的位置，如图 2-84 所示。

💡 **注意** ────────────────────────────

　　在"0"刻度线的左边（延伸端）则为"+"，在"0"刻度线的右边（收缩端）则为"-"。如图 2-85 所示为 +0.23 mm，因此气缸的直径为：69.50+0.230=69.730（mm）。

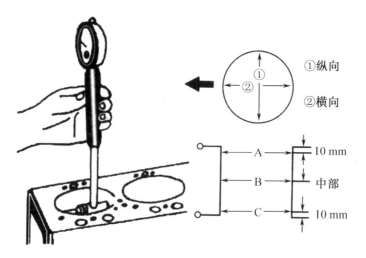

图 2-84　测量位置

图 2-85　读测量值

（10）按要求分别对气缸套的其他位置进行测量，计算气缸套的圆度及圆柱度误差。

💡 素养与思政

本任务要求分组训练，各小组必须按照规范的操作方式精确、快速地进行测量，力求做到精益求精，弘扬大国工匠精神。各小组在实训过程中必须团结一致、相互合作，操作过程中要注意安全，要求全程实现"7S"管理。

技能训练

要求：

1. 用量缸表测量气缸内径。

2. 按照规范的操作方式进行测量，注意安全，全程要求"7S"管理。

项目三

钳 工

📖 **项目描述**

　　在汽车维修中经常会碰到这样的问题：张师傅的徒弟不小心把螺栓扭断了，一些小零件的采购周期长，费用较高，如果是工艺不是很复杂的零件，有些师傅就会自己制作，还有一些零部件在买回来组装时也会出现一些问题，需要整修才能安装到位，这就是我们常说的钳工的工作。本项目主要介绍汽车维修时常用整修零件的主要钳工工具、相关设备的构造与使用方法等。

钳工基础、锯削、锉削及螺纹加工

💡 知识目标

1. 了解钳工常用工具及设备的使用方法。
2. 掌握使用割锯、锉削的姿势、方法。
3. 掌握螺纹的加工方法。
4. 掌握钻削加工设备的使用方法。

⚖ 能力目标

1. 能用手锤敲击以拆装汽车零部件。
2. 能用手锯锯削分割汽车零部件。
3. 能用锉刀锉削尺寸过大的零部件。
4. 能用钳工常用的方法处理断头螺栓。

✏ 思政目标

1. 通过钳工规范的操作流程，培养学生精益求精的工匠精神。
2. 通过学生小组合作学习，培养学生爱岗敬业、团结互助的价值观。

🚌 任务引入

刘师傅的徒弟小张不小心把一个螺栓扭断了，在拆装变速器时因用力过大把螺纹孔扭滑牙了，于是小张请师傅教他如何处理。本任务主要针对初学者讲解钳工基础、切割加工、锉削加工的方法，讲解钻床的结构及使用方法，在汽车维修中处理螺栓滑牙及断裂的基本知识及技能。

相关知识

一、钳工基础

1. 钳工的应用范围

钳工的应用范围很广，主要包括以下几个方面。

（1）加工前的准备工作，如清理毛坯、在工件上画线等。

（2）在单件或小批量生产中制造零件。

（3）加工精密零件，如锉样板、刮削或研磨机器和量具的配合表面等。

（4）装配、调整和修理机器等。

2. 钳工工作台和台虎钳

钳工的一些基本操作主要在由工作台和台虎钳组成的工作区域来完成。

（1）钳工工作台

钳工工作台可简称钳台或钳桌，它一般是由坚实木材制成的，也有用铸铁件制成的。要求牢固和平稳，台面高度为 800～900 mm，其上装有防护网，钳工工作台如图 3-1 所示。

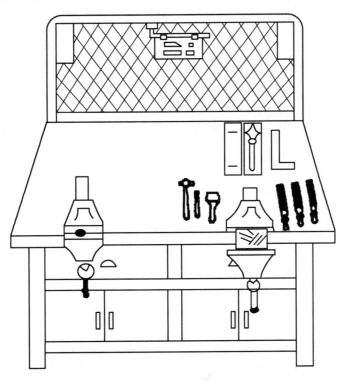

图 3-1 钳工工作台

（2）台虎钳

台虎钳是夹持工件的主要工具，一般分为固定式和回转式两种。台虎钳的大小用钳口的宽度表示，常用规格为100～150 mm。

台虎钳的主体由铸铁制成，分固定和活动两个部分，台虎钳的张开或合拢，是靠活动部分的一根螺杆与固定部分的固定螺母发生螺旋作用而实现的。台虎钳座用螺栓紧固在钳台上。对于回转式台虎钳，台虎钳底座的连接依靠两个锁紧螺钉的紧合，松开锁紧螺钉后便可进行圆周旋转，台虎钳如图3-2所示。

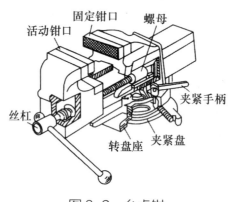

图3-2　台虎钳

3. 工件在台虎钳上的夹持方法

（1）工件应夹持在台虎钳钳口的中部，以使钳口受力均匀，台虎钳夹持工件的位置如图3-3所示。

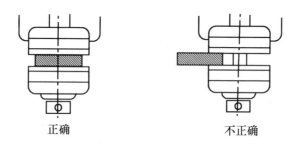

正确　　　不正确

图3-3　台虎钳夹持工件的位置

（2）台虎钳夹持工件时，只能用双手的力扳动手柄，不能在手柄上加套管或用锤敲击，以免损坏台虎钳内螺杆或螺母上的螺纹，台虎钳锁紧工件的操作如图3-4所示。

（3）长工件时只可锉夹紧的部分，锉其余部分时，必须移动重夹，锉长工件如图3-5所示。

（4）锉削时，工件伸出钳口要短，如伸出太多就会弹动，锉削工件如图3-6所示。

（5）夹持槽铁时，槽底必须夹到钳口上，为了避免槽铁变形要用螺钉和螺母撑紧，夹持槽铁如图3-7所示。

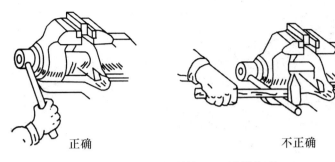

图 3-4　台虎钳锁紧工件的操作

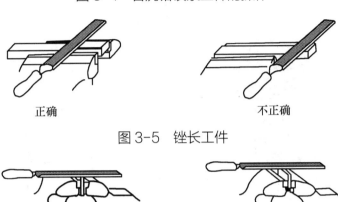

图 3-5　锉长工件

图 3-6　锉削工件

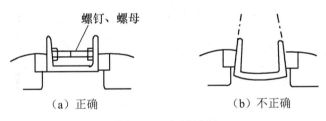

图 3-7　夹持槽铁

（6）用垫木夹持槽铁最为适合，如不用辅助件夹持就会变形，如图 3-8 所示。

图 3-8　用垫木夹持槽铁

（7）夹持圆棒料时，应用 V 形槽垫铁夹持，如图 3-9 所示。

（8）夹持铁管时，应用一对 V 形槽垫铁夹持，否则管子就会被夹扁变形，尤其是薄壁管更容易被夹扁变形，如图 3-10 所示。

（9）夹持光洁的工件表面时，应垫铜皮加以保护。

（10）锤击工件可以在砧面上进行，但锤击力不能太大，否则会使台虎钳受到损害。

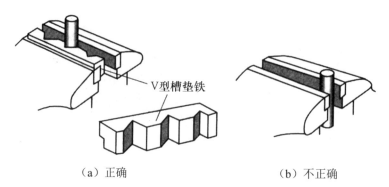

（a）正确 　　　　　　　　　　（b）不正确

图 3-9　夹持圆棒料

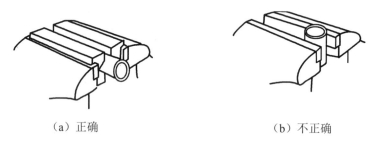

（a）正确 　　　　　　　　　　（b）不正确

图 3-10　夹持铁管

（11）台虎钳内的螺杆、螺母及滑动面应经常加油润滑。

4．手锤

手锤由锤头和锤柄组成，是钳工常用的敲击工具。锤头有方头锤和圆头锤（如图 3-11 所示），用碳素工具钢锻制，并经淬火和回火处理。手锤规格用锤头的质量来表示，一般有 0.5 kg、1 kg 等规格，锤柄长度一般为 350 mm。

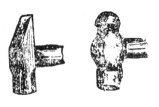

图 3-11　锤头

为了防止锤头脱落，在木柄装入锤孔中后，必须用带有倒棱的铁楔或木楔斜向打入，其深度为手锤孔深的 1/3，锤头、锤柄连接如图 3-12 所示。

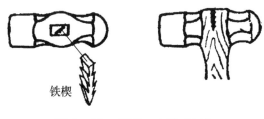

铁楔

图 3-12　锤头、锤柄连接

（1）握锤方法

握锤方法有紧握法和松握法，如图 3-13 所示。

紧握法是用右手的食指、中指、无名指和小指紧握锤柄，大拇指贴在食指上，柄尾露出 15～30 mm。在挥锤和锤击时握法不变，紧握法如图 3-13（a）所示。

松握法是只用大拇指和食指始终握紧锤柄，当手锤向后举起时（挥锤过程），逐渐放松小指、无名指和中指，锤击过程中，将放松的手指逐渐收紧，并加速手锤运动，如图 3-13（b）所示。此方法掌握熟练后，不但可以增加锤击力，而且还能减轻疲劳度，所以松握法比紧握法好。

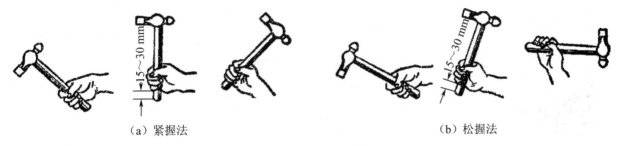

（a）紧握法　　　　　　　　　　　　（b）松握法

图 3-13　握锤法

（2）挥锤方法

挥锤方法有手挥法、肘挥法和臂挥法，如图 3-14 所示。

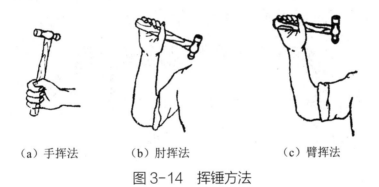

（a）手挥法　　　（b）肘挥法　　　（c）臂挥法

图 3-14　挥锤方法

（3）站立姿势

站立姿势应使全身不易疲劳、方便用力。要稳定地站在台虎钳旁，双脚顺序通常是左前右后。左脚向前半步，约一锤柄长，腿不要过分用力，膝盖稍微弯曲，保持自然。右脚稍微朝后，站稳伸直，作为主要支点。两脚站成"V"形。头部不要前探或后仰，面向工作台，目视錾子刃口，钳工站立姿势示意图如图 3-15 所示。

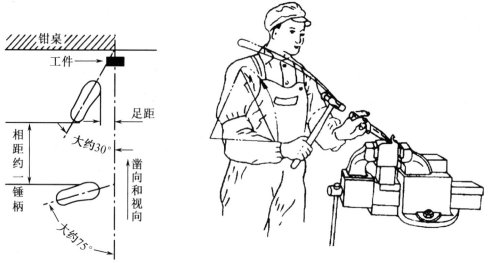

图 3-15 钳工站立姿势示意图

二、锯削

1. 锯削工具及其选用

（1）锯弓

手锯由锯弓和锯条两部分组成，如图 3-16 所示。锯弓是用来夹持和拉紧锯条的工具，有固定式和可调式两种。可调式锯弓的前段可套在后段内自由伸缩。

图 3-16 手锯

（2）锯条的选择

根据工件材料的硬度和厚度选用不同粗细的锯条，如图 3-17 所示。锯软材料或厚工件时，容屑空间要大，应选用粗齿锯条；锯硬材料或薄工件时，同时切削的齿数要多，而切削量少且均匀，为尽可能减少崩齿和钝化，应选用中齿或细齿的锯条。

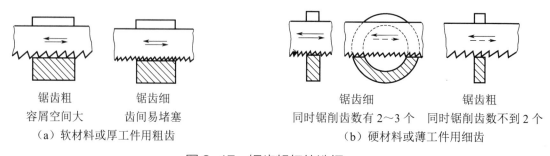

锯齿粗	锯齿细		锯齿细	锯齿粗
容屑空间大	齿间易堵塞		同时锯削齿数有2～3个	同时锯削齿数不到2个

（a）软材料或厚工件用粗齿　　　　　　　　（b）硬材料或薄工件用细齿

图 3-17 锯齿粗细的选择

2．锯削的基本操作

（1）根据工件材料及厚度选择合适的锯条。

（2）将锯条安装在锯弓上，锯齿应向前，锯条安装方向如图 3-18 所示。用两个手指的力旋紧锯条，使锯条的松紧合适，否则锯削时易折断锯条。锯条安装好后，应检查是否有歪斜扭曲，如有则应修正。

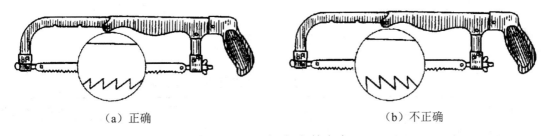

（a）正确　　　　　　　　　　　　　　　　（b）不正确

图 3-18　锯条安装方向

（3）工件应尽可能夹在台虎钳左边，以免操作时碰伤左手。工件伸出要短，否则锯削时会颤动。工件必须夹持牢靠，防止锯削时因工件移位使锯条折断。夹持已加工的工件表面时应使用衬垫。

（4）锯削姿势。锯削的站立位置与錾削基本一致，不同的是两脚距离为锯弓之长。握锯时，要舒展自然，右手握稳锯柄，左手轻扶在弓架前端的弯头处，手锯握法如图 3-19 所示。在推锯时，身体略向前倾，自然地压向锯弓，当推进过半时，身体随手推锯弓准备回程。回程时，左手把锯弓略微抬起一些，让锯条在工件上轻轻滑过，待身体回到初始位置后，再准备第二次的往复。在整个锯削过程中，应保持锯缝的平直，如有歪斜应及时修正。

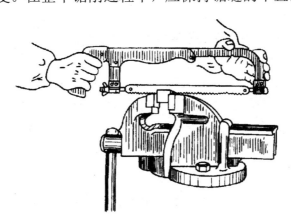

图 3-19　手锯握法

（5）起锯分为近起锯和远起锯，如图 3-20 所示。

（6）锯削硬材料时，因不容易切入，压力应大些，防止打滑。往复长度视工件的大小而异，一般为锯片的 $\frac{1}{3} \sim \frac{3}{4}$ 为宜。锯削速度的选择见表 3-1。

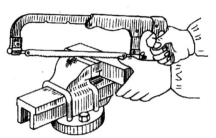

（a）近起锯　　　　　　　　　　　（b）远起锯

图 3-20　起锯

表 3-1　锯削速度的选择

材料种类	每分钟来回次数	锯齿粗细程度	每 25 mm 长度的齿数
铜、铝等软材料	80～90	粗	14～16
抗拉强度 $60\sigma_b$/MPa 以下材料	60	中	22
工具钢及薄壁工件	40	细	32
壁厚中等管材和型钢	50	中	22
薄壁管材	40	细	32
塑料、合成纤维、合成橡胶等	40	粗	14～16

（7）快锯断时，用力应轻，以免碰伤手臂。

（8）锯钢料时应涂抹润滑油润滑。铸铁中因含有石墨能够起到润滑作用可免用润滑油润滑。

3．典型材料的锯削

（1）扁钢的锯削

锯扁钢时，应从宽面向下锯，如图 3-21 所示。

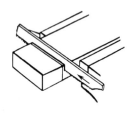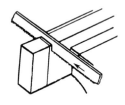

（a）正确　　　　　　　　　　　（b）不正确

图 3-21　扁钢的锯削

（2）槽钢的锯削

槽钢的锯削与扁钢一样，但要分 3 次从宽面向下锯，不能在同一个面上一直向下锯，应尽量做到在长的锯缝口上起锯，因此工件必须多次改变夹持的位置，如图 3-22 所示。

（3）深缝的锯削

深缝的锯削如图 3-23 所示，锯深缝时，先垂直锯，当锯缝的高度达到锯弓的高度时，锯弓就会与工件相碰，此时应把锯条拆出并旋转 90° 后重新安装，使锯弓转到工件的侧面，然后按照原锯路继续锯削。

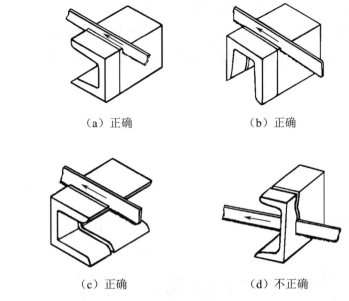

（a）正确　　　　　　　（b）正确

（c）正确　　　　　　　（d）不正确

图 3-22　槽钢的锯削

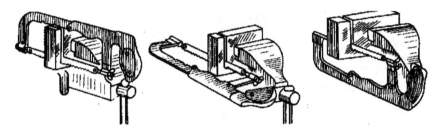

图 3-23　深缝的锯削

（4）薄铁板的锯削

薄铁板的锯削如图 3-24 所示，将薄板料夹在两木块之间，连同木块夹在台虎钳上一起锯削，这样可以增加薄板料锯削时的刚性，防止锯齿折断。

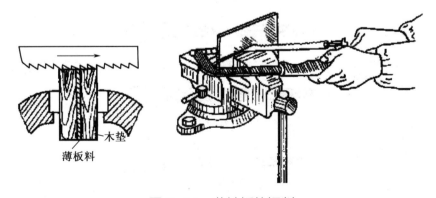

木垫

薄板料

图 3-24　薄铁板的锯削

（5）锯齿崩裂后的处理

锯齿崩裂（即使是一个锯齿崩裂）后不能继续使用，否则后面的锯齿也会迅速崩裂。

4．锯削安全技术

（1）锯条松紧要适当，不能装得过松或过紧。

（2）锯削时对手锯施加的压力不能太大，否则会使锯条折断。

（3）工件将要锯完时，应用手扶着被锯下的部分，防止砸在脚上。

三、锉削

1．锉刀及其选用

（1）锉刀的构造

锉刀由锉刀面、锉刀边、锉刀尾、锉齿和锉柄等部分组成，如图 3-25 所示。

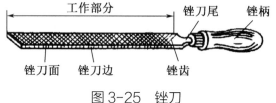

图 3-25　锉刀

（2）锉刀的种类及选用

锉刀根据形状不同，可分为平锉、半圆锉、方锉、三角锉、圆锉等，如图 3-26 所示。各种锉刀的应用实例如图 3-27 所示。

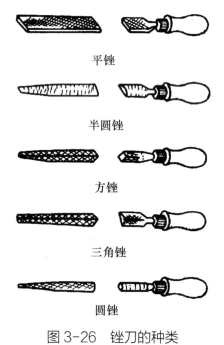

平锉

半圆锉

方锉

三角锉

圆锉

图 3-26　锉刀的种类

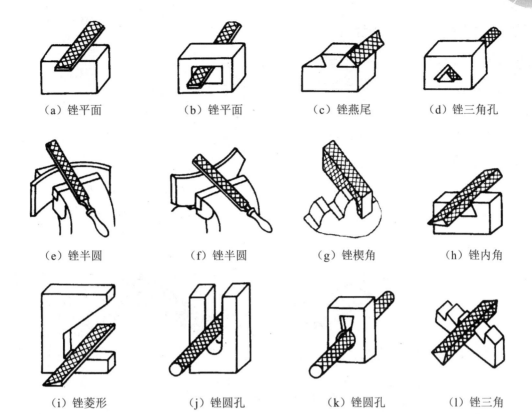

（a）锉平面　　（b）锉平面　　（c）锉燕尾　　（d）锉三角孔

（e）锉半圆　　（f）锉半圆　　（g）锉楔角　　（h）锉内角

（i）锉菱形　　（j）锉圆孔　　（k）锉圆孔　　（l）锉三角

图 3-27　各种锉刀的应用实例

锉刀的种类见表 3-2。

表 3-2　锉刀的种类（GB 5803—1986）

种类（代号）	截面形式	应用
钳工锉（Q）	扁形（板）、半圆、三角、方形、圆形	适用于一般工件表面的锉削
整形锉（Z）	扁形、半圆、三角、方形、圆形、单面三角、刀形、双半圆、椭圆、菱形	适用于对机械、电器仪表等小部位的修整
异形锉（Y）	扁形、半圆、三角、方形、圆形、单面三角、刀形、双半圆、椭圆、	适用于加工各种工件的特殊表面

锉刀刀齿粗细的选择见表 3-3。

表 3-3　锉刀刀齿粗细的选择

锉纹号	锉齿	适用场合			
		加工余量/mm	尺寸精度/mm	粗糙度 Ra/μm	应用
1	粗	0.5～1	0.2～0.5	50～12.5	适用于粗加工或有色金属
2	中	0.2～0.5	0.05～0.2	6.3～1.6	适用于粗锉后加工
3	细	0.05～0.2	0.01～0.05	1.6～0.8	适用于锉光表面或硬金属
4	油光	0.025～0.05	0.005～0.01	0.8～0.2	适用于精加工时修光表面

2．锉刀的使用方法和保养

为延长锉刀的使用寿命，应注意以下几点。

（1）不可锉削毛坯件表面的硬皮、氧化皮和未经退火的硬钢件。

（2）先使用锉刀锉其中一面，当该面用钝后再使用另一面。

（3）锉刀要分开放置，不可堆叠，以免损坏锉齿。

（4）不可将锉刀当撬棒用，以防折断。

（5）锉削时不能洒水、沾油或用手去摸锉刀面，以免引起锈蚀和锉削时打滑。

（6）锉削过程中应及时用钢丝刷或薄口黄铜板顺纹清除锉齿槽内的积屑，清除锉屑的方法如图3-28所示。

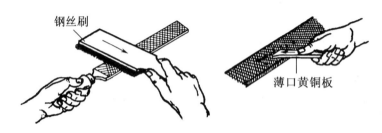

图3-28 清除锉屑的方法

3．锉刀的握法

正确握持锉刀有助于提高锉削质量。根据锉刀的大小和形状，可采用不同的握持方法。

（1）较大锉刀的握法。用右手握住锉刀柄，柄端顶在大拇指根部的手掌上，大拇指放在锉刀柄的侧上方，其余的手指由下而上握住锉刀柄，如图3-29所示。

图3-29 较大锉刀的握法

（2）中、小型锉刀的握法。由于锉刀尺寸小，本身强度不高，锉削时所施加的力不大，因此其握法与大锉刀相同，除大拇指外，其余四指从下面拖着并用力紧握锉刀柄。左手持锉位置则根据锉削用力轻重而定：重锉时，左手大拇指的根部恰好放在锉尖上，其余四指弯放在下面；细锉时，右手握锉刀柄，左手除大拇指外其余四指压在锉刀面上，较为灵活；极轻微地锉削时，可不用左手持锉刀，只用右手食指压在锉上面。中、小型锉刀的握法如图3-30所示。

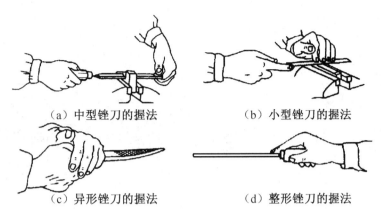

（a）中型锉刀的握法　　　（b）小型锉刀的握法

（c）异形锉刀的握法　　　（d）整形锉刀的握法

图 3-30　中、小型锉刀的握法

4．锉削姿势

（1）站立位置。锉削时的站立位置与錾削基本相同，只不过双脚间距稍大一些。力求自然，方便用力，以适合不同的加工要求。

（2）锉削姿势如图 3-31 所示，锉削时，身体的重心放在左脚，右膝伸直，脚始终站稳不动，靠左膝的屈伸做往复运动。锉的动作由身体和手臂运动合成。开始锉削时身体要向前倾斜 10°左右，右肘尽可能收缩到后方。锉刀向前推进 1/3 时，身体前倾到 15°左右，这时左膝稍弯曲。锉刀再推进 1/3 时，身体倾斜到 18°左右。最后 1/3 时，用右手腕将锉刀继续推进，身体随着锉刀的反作用力退回到初始位置。锉削全程结束后，将锉刀略提起一些，把锉刀拉回，准备第二次的锉削，如此反复进行。

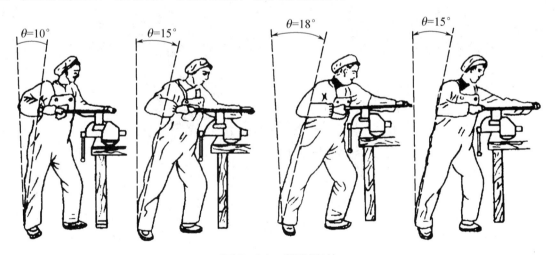

图 3-31　锉削姿势

（3）锉削速度。锉削速度最好控制在每分钟 30～40 次左右，过快则易疲劳，且会加快锉齿的磨损。

5．平面锉削

（1）平面锉削方法

平面锉削方法如图 3-32 所示，有顺锉法、交叉锉法和推锉法。不论哪种锉法，都应该

在整个加工面均匀地锉削，每次抽回锉刀再锉时，应向旁边移动一些。

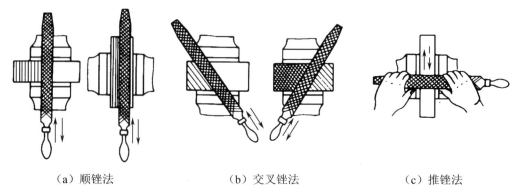

（a）顺锉法　　　　　　（b）交叉锉法　　　　　　（c）推锉法

图 3-32　平面锉削方法

（2）平面锉削的检验方法

① 平面度的检验。锉削好的平面，常用刀口尺或钢直尺以透光法来检验其平面度，如图 3-33 所示。

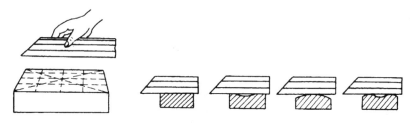

图 3-33　平面度的检验

② 垂直度的检验。用角尺检验锉削后工件的垂直度，如图 3-34 所示。

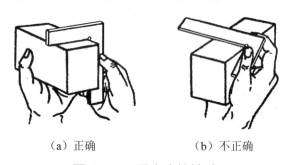

（a）正确　　　　　　（b）不正确

图 3-34　垂直度的检验

6．锉削安全技术

（1）不使用无柄或裂柄的锉刀进行锉削。

（2）锉屑要用钢丝刷清除，禁止用嘴吹，防止锉屑飞入眼内。

（3）不可用手摸锉刀面和锉削后的工件表面，防止再锉时打滑，造成事故。

四、钻孔与螺纹加工

1. 钻床

钻床的种类很多，常用的有台式钻床、立式钻床和摇臂钻床 3 种。

（1）台式钻床

台式钻床（如图 3-35 所示）简称台钻，是一种放在工作台上使用的小型钻床。钻孔时，电动机通过带轮带动主轴和钻头转动来实现主运动，主轴沿轴线向下移动完成进给运动。台钻的进给运动一般为手动，主要用来加工直径为 12 mm 以下的孔。

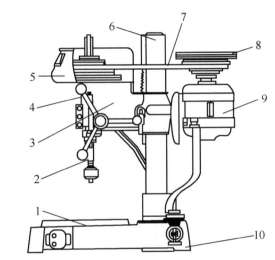

1—工作台；2—主轴；3—主轴架；4—进给手柄；5—带罩；
6—立柱；7—传动带；8—带轮；9—电动机；10—底座

图 3-35　台式钻床

台式钻床的安全操作规程如下。

① 操作员操作前必须熟悉机器的性能、用途及操作注意事项，初学者严禁单独上机操作。操作人员操作时要穿合适的衣服，不准戴手套。

② 机床电源插头、插座上的各触脚应牢靠，无松动和接触不良现象。电线要远离高温、油腻、尖锐边缘，机床要接地线，切勿用力猛拉插头上的电源线。如发生事故，应立即切断电源，再进行维修。

③ 保持工作区内干净整洁，不要在杂乱、潮湿、微弱光线、易燃易爆的场所使用机床。操作者头发不宜过长，以免操作时卷入。

④ 不要进行超出最大切削能力的工作，避免机床超负荷工作。

⑤ 不要在酒后或疲劳状态下操作机器。保持机床竖直向上，勿颠覆倾倒。

⑥ 定期保养机器，保持钻头锐度，切削时注意添加切削液。

⑦ 使用前认真检查易损部件,以便及时修理或更换。钻孔径较大的孔时,应用低速进行切削且工作前必须锁紧应该锁紧的手柄,工件应夹紧可靠。

⑧ 操作人员离开岗位时必须先关机,不可在操作中与人攀谈。机器运转异常时,应立即停机并交由专业人员检修,检修时应确保电源断开。

⑨ 下班前必须把机器周围的木屑清理干净,电动机上不准寄存铁屑,并做好设备的日常保养工作。

(2)立式钻床

立式钻床简称立钻,是一种中型钻床,如图 3-36 所示。

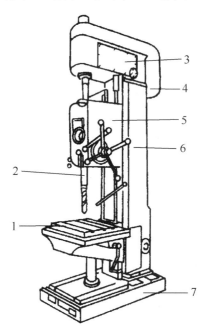

1—工作台;2—主轴;3—主轴变速箱;4—电动机;5—进给箱;6—立柱;7—机座

图 3-36 立式钻床

立钻主轴的转速可以通过扳动主轴变速箱的手柄来调节,进给量由进给箱控制,可实现自动进给,也可利用进给手柄实现手动进给。立钻主要用来加工中小型工件的孔。

立式钻床的安全操作规程如下。

① 操作人员必须经过专业培训,并持有设备操作证。操作者必须严格遵守有关安全、交接班制度。

② 工作前应严格按照润滑规定进行注油,并保持油量适当、油路畅通、油标(窗)醒目,油杯、油线、油毡等清洁。

③ 检查各部是否完好,再空挡运转 10 min 左右,确认各部运转正常后再开始工作。在工作中如果发现运转不正常的现象,例如有异响或温升过高时,应停车排除。

④ 安装钻夹头、钻套、钻头时,锥柄应清洁无毛刺并装牢,拆卸时应用楔铁,禁用手锤直接敲打夹头、钻套。

⑤ 钻通孔及薄板零件时，应垫起工件，以防钻坏工作台面。

⑥ 卸装工件时必须停车，装卸较重工件时要合理选用吊具。

⑦ 工作台上禁止堆放工具、杂物。

⑧ 导轨面应保持清洁，定期用润滑油润滑。

⑨ 钻床运转时严禁变速，变速时不准强力扳手柄。

⑩ 钻床运转过程中，操作者不准擅自离开，如需离开或停电时，应升起钻床杆，使钻头离开工件，并拉开电源开关。

⑪ 钻孔时禁止在进刀手柄上加接套筒增力，不准超负荷加工零件。

⑫ 工作完成后必须检查清扫设备，做好日常保养工作，并将各操作手柄（开关）置于空挡（零位），拉开电源开关，达到整齐、清洁、安全的标准。

（3）摇臂钻床

摇臂钻床有一个能绕立柱回转的摇臂，摇臂带着主轴箱可沿立柱垂直移动，同时主轴箱还能在摇臂上做横向移动，如图 3-37 所示。摇臂钻床主要用于大型工件，特别是多孔工件的孔加工。

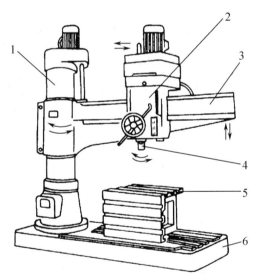

1—主柱；2—主轴箱；3—摇臂；4—主轴；5—工作台；6—机座

图 3-37　摇臂钻床

摇臂钻床的安全操作规程如下。

① 摇臂钻床应由专业人员操作与保养。

② 作业前应检查摇臂钻床的电器、机械、工具、夹具是否存在异常，确认一切正常后才能开机生产。

③ 操作前要穿紧身防护服，袖口扣紧，上衣下摆不能敞开，不得在开动的机床旁换衣服或在身上围布。摇臂钻作业时禁止戴围巾、领带、手套，防止机器绞伤。

④ 在摇臂回转范围内，不得有障碍物，钻削前必须锁紧摇臂。

⑤ 钻孔作业时必须缓慢进给，防止卡转，引起钻头与机床损坏，造成钻出的孔不垂直或不同心。

⑥ 工具必须装夹牢固可靠，小件必须用夹具装夹钻孔，严禁手拿工件钻孔。

⑦ 工作中摇臂的高度应调整适当，不宜过高。在加工过程中，摇臂、主轴箱必须处于夹紧状态。

⑧ 在安装变径套和钻柄时，锥度必须符合标准，锥面必须清洁，无伤痕。

⑨ 工件的装夹必须牢固，钻透孔时必须在底面垫上垫块，防止钻伤设备工作台面。

⑩ 用自动进给钻透孔，在接近钻透时，应将自动进给改为手动进给。

⑪ 装卸工件时应将摇臂转向一旁，根据工件质量和形状选择安全吊具，轻起轻放不得碰撞设备。

⑫ 在调整钻孔深度的自动走刀时，应先使钻头接触工件，再把进给撞块按要求调到深度数值并锁紧。

⑬ 拆卸钻卡具（刀具）时，应将主轴退至靠近主轴箱端面，再用标准斜铁和手锤轻轻敲打，不得触碰打钻杆。

⑭ 钻孔时必须注意经常清除铁屑，钻头上有长屑时要停车清除，禁止用风吹或用手拉，应用刷子或铁钩清除。扩孔时不得用偏刃钻具。

⑮ 工作中注意超负荷现象，发生异常响声时，应立即停止自动进给，并消除超负荷原因。

⑯ 攻螺纹时，操纵可逆顺结合主轴正反转，必须注意将手柄放在固定槽中。

⑰ 禁止开车变速，若变速挂轮的手柄挂不到位时，应点动一下再变换，不得强力扳动手柄。

⑱ 钻孔过程中钻头未退离工件前不得停车。严禁用手去停住转动着的钻头，反车时，必须等主轴停止后再开动。

⑲ 薄板、大型或长形的工件竖着钻孔时，必须压牢，严禁手扶，以保证安全。工件钻通孔时应减压、慢速，以防损伤平台。

⑳ 禁止在设备上焊补或校直工件。

㉑ 加工作业时要注意安全，磨钝的钻头、刀具不得继续使用。

㉒ 钻削时要用机床冷却液冷却，不得使用清水进行冷却。

㉓ 当设备出现异常现象，如发生油路不通、声音不正常、局部温度升高等情况时均不得强行使用，若不能排除应立即通知维修人员处理。

㉔ 当设备发生事故时，应保持现状并立即报告部门主管。

㉕ 设备开动时严禁操作者离开岗位或托人代管。

㉖ 工作后须卸下钻头并将各手柄置于非工作位置上，主轴箱停放应靠近立柱，摇臂适当降低并锁紧后再拉开电源以防止发生意外。

㉗ 下班前 15 min 停机清扫设备，清扫部位按照设备保养的有关规定进行。

㉘ 操作者要做好运行保养记录。

2. 钻头

钻头的种类有麻花钻、扁钻、深孔钻、中心钻等，其中麻花钻是最常用的钻孔刀具。上述各种钻头的几何形状虽各不相同，但都有两个对称排列的主切削刃，因此其切削原理是相同的。

麻花钻由柄部、颈部和工作部分组成，如图 3-38 所示。

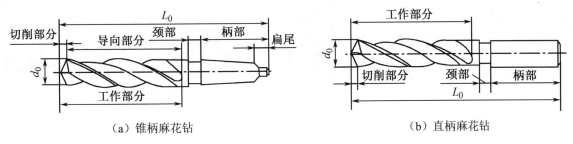

（a）锥柄麻花钻　　　　　　　　　（b）直柄麻花钻

图 3-38　麻花钻

3. 攻螺纹和套螺纹

钳工的操作应用中，手攻螺纹占比较大。手攻螺纹包括攻螺纹和套螺纹，用丝锥在圆孔的内表面上加工内螺纹称为攻螺纹，用板牙在圆杆的外表面加工外螺纹称为套螺纹，攻螺纹和套螺纹如图 3-39 所示。

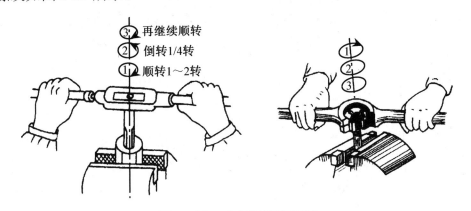

图 3-39　攻螺纹和套螺纹

（1）攻螺纹

攻螺蚊是钳工的基本操作，凡是小直径单件小批生产或结构上不宜采用机攻螺纹的，大多采用手攻螺纹。

① 丝锥

丝锥是专门用来攻螺纹的刀具，由切削部分、修光部分（定位部分）、容屑槽和柄部构成，丝锥及其应用如图 3-40 所示。

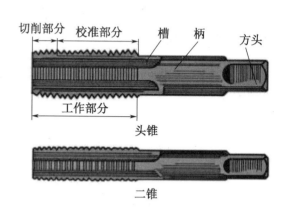

图 3-40　丝锥及其应用

攻螺纹时，先用来攻螺纹的丝锥称头锥，其次为二锥，再次为三锥（俗称头攻、二攻、三攻）。如图 3-41 所示为成组丝锥的切削用量分布。攻螺纹前，欲攻出螺纹的孔必须先钻出，此孔称为螺纹底孔。螺纹底孔直径相关参数见表 3-4。

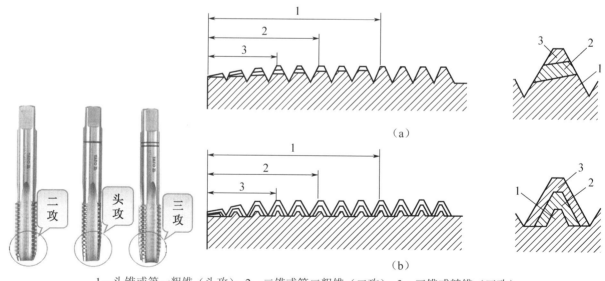

1—头锥或第一粗锥（头攻）；2—二锥或第二粗锥（二攻）；3—三锥或精锥（三攻）

图 3-41　成组丝锥的切削用量分布

表 3-4　螺纹底孔直径相关参数

单位：mm

公称直径		3	4	5	6	8	10	12	14	16	20	24
螺距		0.5	0.7	0.8	1	1.25	1.5	1.75	2	2	2.5	3
底孔	铸铁	2.5	3.3	4.1	4.9	6.6	8.4	10.1	11.8	13.8	17.3	20.7
直径	钢	2.5	3.3	4.2	5	6.7	8.5	10.2	12	14	17.5	21

攻螺纹时，丝锥方头夹于铰杠（铰手）方孔内，先用头攻垂直地进入孔内，两手均匀加压，转动铰杠。当头攻切入 2 牙左右后，用 90°角尺在两个垂直平面内进行检查，如图 3-42 和图 3-43 所示，以保证丝锥与工作表面垂直。切削时，每切削半圈至一圈，应倒转 1/4 圈，用以断屑。用二攻或三攻切削时，旋入几圈后，只能用铰杠转动，不可再加压。

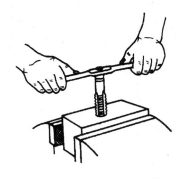

图 3-42　攻螺纹操作

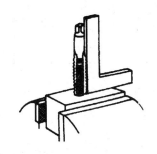

图 3-43　垂直度检查

② 铰杠

铰杠是用来夹持并扳转丝锥的专用工具，如图 3-44 所示。铰杠是可调式的，转动右手柄，可调节方孔的大小，以便夹持不同规格的丝锥。

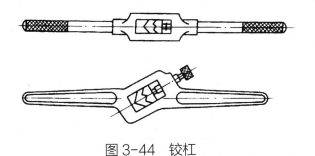

图 3-44　铰杠

（2）套螺纹

① 板牙（圆板牙）

板牙是切削外螺纹的刃具，板牙的原型是一个螺母，它由切削部分、校准部分（定位部分）和排屑孔组成，如图 3-45 所示。

套螺纹前，先检查圆杆直径和端部。套螺纹时圆杆直径相关参数见表 3-5。

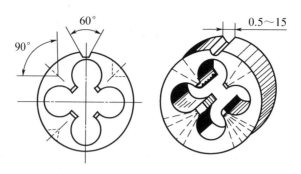

图 3-45　板牙

表 3-5　套螺纹时圆杆直径相关参数

单位：mm

公称直径		6	8	10	12	14	16	18	20	22	24
螺距		1	1.25	1.5	1.75	2	2	2.5	2.5	2.5	3
圆杆	最小	5.8	7.8	9.75	11.75	13.7	15.7	17.7	19.7	21.7	23.65
直径	最大	5.9	7.9	9.85	11.9	13.85	15.85	17.85	19.85	21.85	23.8

② 板牙架

板牙架是用于夹持板牙并带动其转动的专用工具，板牙架结构如图 3-46 所示。板牙架上有装卡螺钉，可将板牙紧固在架内。

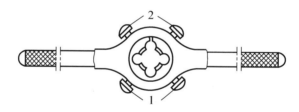

1—紧固螺钉；2—调节螺钉

图 3-46　板牙架结构

💡 **注意**

一定要使装卡螺钉的尖端落入板牙圆周的锥坑内。

任务实施

拆卸缸盖断头螺栓

1．管钳法

对于折断截面在螺杆中上部的断头螺栓，可先在缸体表面螺栓底部周围加注少许煤油，并用铁锤向下适当地敲击螺杆。选用大小适中的管钳夹紧断头螺栓的下部，管钳底部距缸体约 5 mm 为宜。用手握紧螺杆的上部，在拆卸时用力使螺杆不倾斜。先用管钳顺着螺栓拧紧方向拧 1/10～1/8 圈，然后反方向加大力矩将断头螺栓拧松并取出。

2．烤弯螺杆法

对于折断截面在螺杆中上部而用管钳法不能拆卸的断头螺栓，先用擦机布将缸体表面螺栓底部周围的油擦拭干净（防止烤弯螺栓时着火），用铁锤向下适当敲击螺杆。用气焊将螺杆烤弯 80°～90°，弯点距螺孔以 20～30 mm 为宜，如图 3-47（a）所示。待冷却后，在缸体表面螺栓底部周围加注少许煤油，再将长钢管套在烤弯后的螺杆上，用加长力臂的方法拧松断头螺栓并取出。

3．锉削法

对于折断截面在螺杆下部且折断截面距缸体平面 20～50 mm 的断头螺栓，可先在缸体表面螺栓底部周围加注少许煤油，用平锉将断头螺栓的折断截面锉平，再用钢锯在其折断截面上沿直径方向锯一凹槽（凹槽宽度为 1.5 mm、深度为 3.0 mm 为宜），然后用螺丝刀将断头螺栓拧出。也可用平锉在螺栓上部的两侧锉出两个平行的平面，然后用扳手或自制工具将其拧出。

4．焊接法

对于折断截面在螺杆下部且折断截面距缸体平面 10～20 mm 的断头螺栓，因用锉削法不便拆卸，可先用铁锤向下适当地敲击螺杆。选一大小适中的螺母（以原螺杆螺母为宜）焊接在螺杆上，焊牢后螺母的底平面与缸体上平面应留出适当的间隙（大于 2 mm 为宜），如图 3-47（b）所示，待冷却后在其间隙内加注少许煤油。等待 0.5 h 后，用扳手先顺着螺栓拧紧的方向拧 1/10～1/8 圈，再反方向将断头螺栓拆下。也可以焊接一弯角螺杆（或钢棍），角度为 80°～90°，如图 3-47（c）所示，其拆卸方法与烤弯螺杆法相同。

5．钻孔法

对于在螺孔内折断且其折断截面低于缸体表面的断头螺栓，可在螺栓折断截面的中心钻一垂直小孔（孔径为 6～8 mm、孔深为 12～16 mm，以不超过断头螺栓的长度为宜），在孔内插入一根经淬火处理的圆锥钎，如图 3-47（d）所示，适当地敲击圆锥钎后，用管钳法将断头螺栓拧出。也可在钻好的小孔内，用左旋螺纹丝锥攻出左旋螺纹，然后拧入左旋螺纹螺钉，如图 3-47（d）所示，用扳手将断头螺栓拧松并取出。

6．攻丝法

对于断在螺孔内部，且用钻孔法也不能拆卸的断头螺栓，可用小螺栓（直径为 1.5～2 mm）的钻头将螺栓钻出，再用和螺栓同样大的丝锥攻丝，拧出断头螺栓的剩余部分。

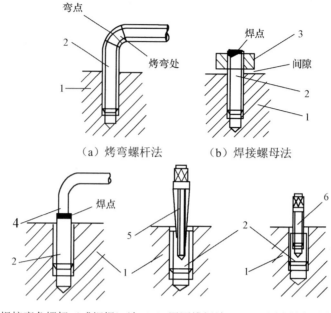

（a）烤弯螺杆法　　　　（b）焊接螺母法

（c）焊接弯角螺杆（或钢棍）法（d）用圆锥钎法　（e）用左旋螺纹螺钉法

1—缸体；2—断头螺栓；3—螺母；4—弯角钢棍；5—圆锥钎；6—左旋螺纹螺钉

图 3-47　拆卸缸盖断头螺栓的方法

素养与思政

　　本任务要求分组训练，各小组必须按照规范的操作方式精确、快速地进行制作，力求做到精益求精，弘扬大国工匠精神。各小组在实训过程中必须团结一致、相互合作，操作过程中要注意安全，要求全程实现"7S"管理。

 技能训练

　　要求：

1．制作半圆键。

2．制作六角螺母。

3．按照规范的工艺要求制作，注意安全，全程要求"7S"管理。

提示

钳工工具使用守则

　　1．使用锉刀时应注意：不准使用没有安装木柄的锉刀；不准用作撬杆或用来敲击物体；锉屑禁止用嘴吹，须用钢丝刷去除。

　　2．使用活动扳手时应注意：卡口与螺母尺寸配合，扳紧时不得用力过猛；使用前应擦拭柄部的油污，防止用力时打滑；扳手不能当作手锤使用。

3．使用螺丝刀时应注意：不能代替撬杆或錾刀使用；禁止一手拿工件一手拿螺丝刀操作，防止自伤。

4．使用手锤时应检查有无缺陷和油污，防止滑脱伤人。

5．錾削操作要戴眼镜，錾削方向备有网架或挡板。

6．使用刮刀操作时勿握刀刃，不可一手拿工件，一手拿刮刀操作，以防自伤。

7．使用手弓锯时零件要夹紧，拿锯要直，往复成一条直线，用力要均匀，不能压锯或用力过猛。

反侵权盗版声明

电子工业出版社依法对本作品享有专有出版权。任何未经权利人书面许可，复制、销售或通过信息网络传播本作品的行为；歪曲、篡改、剽窃本作品的行为，均违反《中华人民共和国著作权法》，其行为人应承担相应的民事责任和行政责任，构成犯罪的，将被依法追究刑事责任。

为了维护市场秩序，保护权利人的合法权益，我社将依法查处和打击侵权盗版的单位和个人。欢迎社会各界人士积极举报侵权盗版行为，本社将奖励举报有功人员，并保证举报人的信息不被泄露。

举报电话：（010）88254396；（010）88258888

传　　真：（010）88254397

E-mail：　dbqq@phei.com.cn

通信地址：北京市万寿路 173 信箱

　　　　　电子工业出版社总编办公室

邮　　编：100036